国学典籍那么好看

《说文解字》有奥秘

孟琢 著

湖南少年儿童出版社
小博集

·长沙·

© 中南博集天卷文化传媒有限公司. 本书版权受法律保护。未经权利人许可，任何人不得以任何方式使用本书包括正文、插图、封面、版式等任何部分内容，违者将受到法律制裁。

图书在版编目（CIP）数据

《说文解字》有奥秘 / 孟琢著. -- 长沙：湖南少年儿童出版社，2024.8
（国学典籍那么好看）
ISBN 978-7-5562-7572-4

Ⅰ.①说… Ⅱ.①孟… Ⅲ.①《说文》—少儿读物
Ⅳ.① H161-49

中国国家版本馆 CIP 数据核字（2024）第 079432 号

GUOXUE DIANJI NAME HAOKAN 《SHUOWEN JIEZI》YOU AOMI
国学典籍那么好看 《说文解字》有奥秘

孟琢 著

责任编辑：唐 凌 张苗苗	策划出品：李 炜 张苗苗
策划编辑：张苗苗	特约编辑：杜佳美
营销编辑：付 佳 杨 朔	版式排版：马睿君
封面设计：利 锐	插画绘者：紫苏桃子姜 鸠米 qiu（QQ 15187223）

出 版 人：刘星保
出　　版：湖南少年儿童出版社
地　　址：湖南省长沙市晚报大道 89 号
邮　　编：410016
电　　话：0731-82196320
常年法律顾问：湖南崇民律师事务所 柳成柱律师
经　　销：新华书店

开　本：875mm×1230mm　1/32	印　刷：天津市豪迈印务有限公司
字　数：80 千字	印　张：4.75
版　次：2024 年 8 月第 1 版	印　次：2024 年 8 月第 1 次印刷
书　号：ISBN 978-7-5562-7572-4	定　价：32.00 元

若有质量问题，请致电质量监督电话：010-59096394
团购电话：010-59320018

户 籍 簿

姓 名 许慎

性 别 男

籍 贯 汝南召陵［今河南漯（luò）河］

生卒年 约58—约147

朝 代 东汉

身 份 太尉南阁祭酒

成 就 他是东汉时期的大儒，撰（zhuàn）写了中国第一部字书《说文解字》，被后世尊称为"字圣"。

第七章　关于日月星辰的汉字秘密 —— 79

第八章　关于植物的汉字秘密 —— 91

第九章　关于动物的汉字秘密 —— 103

第十章　关于家庭的汉字秘密 —— 115

第十一章　关于家园的汉字秘密 —— 127

附录　那些和王懿荣一样厉害的人 —— 139

目录

第一章 『字圣』许慎是谁？ —— 1

第二章 汉字是怎么造出来的？ —— 9

第三章 汉字的演化 —— 25

第四章 关于人的汉字秘密 —— 39

第五章 关于心的汉字秘密 —— 53

第六章 关于脸的汉字秘密 —— 67

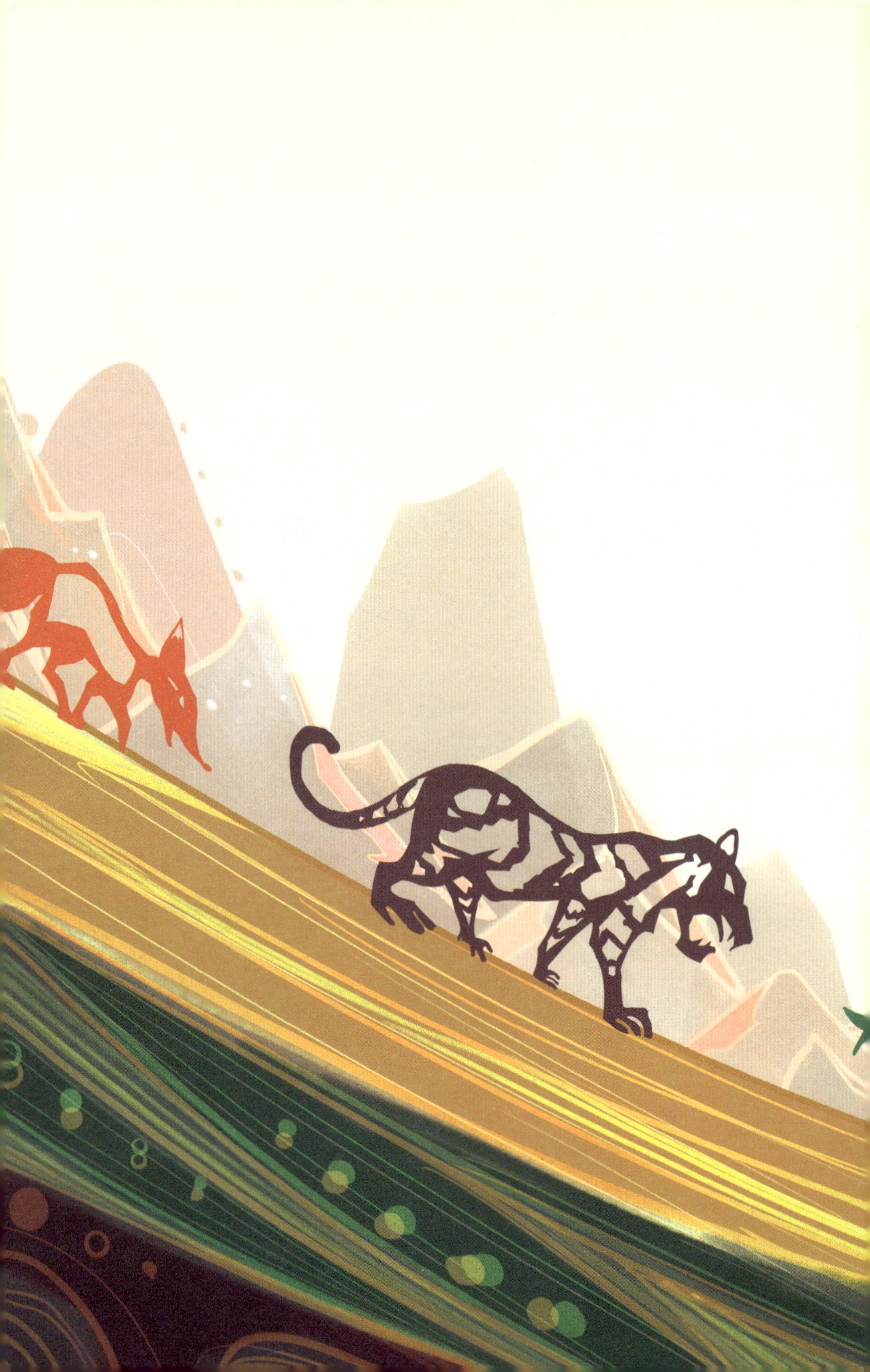

第一章

「字圣」许慎是谁？

我们知道《论语》《孟子》《史记》，但不少人还不知道《说文解字》，这本书可是了不得。因为《论语》《孟子》《史记》都是用汉字写成的，而要讲解汉字，就离不开汉字学史上最重要的《说文解字》一书。

有了《说文解字》，我们才能懂得汉字的造字方法，了解汉字的演变过程，明白这些方块字为什么是现在这些意思……我们这本小书里对汉字的解释，很多都是建立在《说文解字》的基础上的。

《说文解字》诞生于什么时候呢？

《论语》《孟子》《史记》都有两千多岁了，《说文解字》年轻点，成书于一千九百多年前的东汉建光元年（121年）。它是中国历史上的第一部字书，也是世界上最古老的字书之一。可不要简单地以为这本书是单纯的字典，它可是中国语言文字学的奠基之作。

这本书这么重要，那它是谁写的呢？

作者的名字，叫许慎。

许慎生活在东汉，他是东汉汝南召陵人，也就是今天的河南漯河人。他一开始进入仕途，位置很低，不过是郡府里的功曹。后来因为政绩突出，加上他十分孝顺父母，就被推举为孝廉。据《后汉书·百官志》记载："岁尽遣吏上计，并举孝廉，郡口二十万举一人。"人口满二十万的郡，每年才能推举一名孝廉，可见许慎是多么优秀。

他既然是个"公务员"，是不是只有工作上很优秀啊？不止如此。许慎除了仕途一直平顺，从功曹到孝廉、太尉南阁祭酒之外，还很爱读书，喜欢研究古代经典，在学问上也很有成就。他读透了"五经"，也就是《诗经》《尚书》《礼记》《周易》《春秋》这五部经典。在他看来，各家对五经的解说颇为混乱，说法不一，于是写下了《五经异义》。当时的人都说"五经无双许叔重"，叔重是许慎的字，意思是"在五经的研究上没有人能超过许慎"。

为了研究五经，许慎对汉字也燃起兴趣。他认为，五经是用汉字写成的，只有解读了汉字本身的真正含义，才能真的将五经读透。但他在研究汉字的过程中发现，当时人们对汉字的解读简直错误百出。在许慎所处的时代，使用的汉字字体主要是隶书，人们按照隶书字形去生硬地解读汉字。比如，看到"土"字，便认为一个"十"加个"一"就是土，看到"風"（风的繁体字），就认为这是一个"虫"子在"凡"字里动啊动。真是既搞笑又荒唐！

许慎心想，在隶书之前，还有更为古老的字体。隶书经过了人们的简化和笔画的调整，不能准确传达汉字本身的造字含义，应该找更古老的字体，才能理解汉字的真意。在他生活的年代，古老的甲骨文[①]尚未发现，甲骨文之后的金文数量又非常少，于是，他将目光转向了金文之后、隶书之前的古文字——小篆（zhuàn），这也是秦始皇统一推行的文字。

于是，许慎上下追寻，在古籍中遍寻汉字的小篆字形，广泛搜集。最终在书中一共收录了九千三百五十三个汉字（不包括作为"重文"的异体字，也不包括后继

[①] 甲骨文是中国迄今为止发现得最早的、成体系的汉字。由于它是刻在龟甲和兽骨上的文字，所以被称为甲骨文。

学者为《说文解字》增加的"新附字")。花费约三十八年的时间，最终写出了中国汉字史上最重要的一部巨著——《说文解字》。

在这本书中，他总结了汉字造字的规律，在前人的研究基础上，完善了"六书"理论，即象形、指事、会意、形声、转注、假借这六种古人的造字方法。还首创了汉字的"部首"概念，把收录的九千三百五十三个字形，按照五百四十个部首分门别类地排序。

看到这里，你是不是忍不住一声惊呼：原来部首查字法是从这里来的！

但就是这么一个伟大的人，《后汉书·儒林传》里对他的记录只有简短的八十五个字。希望你能记住他的故事，记住他叫许慎，字叔重，是中国文字学的开山鼻祖。因为他对中国文字发展做出的重大贡献，后人尊称他为"字圣"。

知识拓展

《说文解字》为什么叫这个名字?"文"和"字"分开说,它们有什么不一样吗?

在古代,"文"和"字"确有不同含义。相传,仓颉(jié)开始创造文字时,是先按照万物的形状去临摹和描绘的,这种像图画一样的符号叫作"文"。

| 甲骨文 | 金文 | 《说文》小篆 | 隶书 | 楷书 |

这就是"文"字的字形演变,你看,甲骨文的"文"是一个正面站立的古人,他宽阔的胸腔上画着花纹,这就是古人的文身。古人用"文"指图案、文身、花纹,图画一样的象形字,也就是早期诞生的、没办法拆解的独体字。

再看"字"。一个房子里诞生了一个小孩子。

"字"的本义有生育的意思，古人也用"字"指那些后来诞生的汉字，比如"波"这样一个用声旁"皮"和部首"氵"组合造出来的合体字。

"说文解字"的书名含义就是：既要说解早期产生的独体字，也要拆分解释后期产生的合体字。

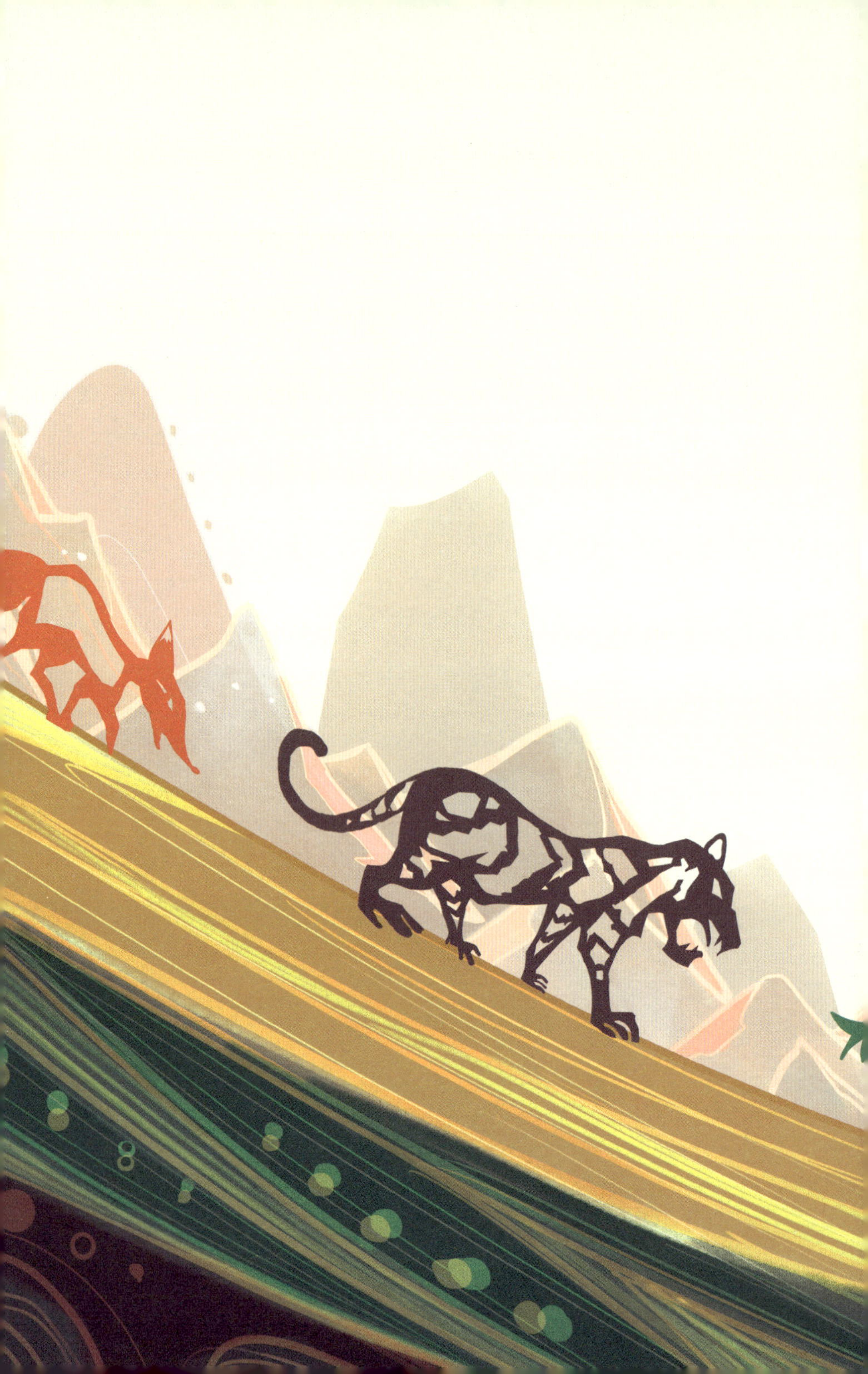

第二章 汉字是怎么造出来的？

开始神秘的汉字之旅前，我们先做一个大胆的假设——如果没有文字，世界将会怎样？

如果古人没有发明文字，写不了书信，亲友一出远门，必然失联；生意人立不了字据，口头承诺说改就改；历史大事无人记录，口口相传越传越偏。

要是在现代呢？是不是不用背课文、写作业了？先别得意。如果没有文字，我们的社会一定会混乱不堪、状况百出，学习的难度系数，恐怕要增加一万倍吧？

在我们生活的世界，需要被记录和传播的信息太多，只靠语言，难以突破时间和空间的局限，必须有一种超越时空的记录方法。其实在数千年前，原始人就非常努力地记录信息、传递信息。你也许听过结绳记事的传说，或者看过古老的岩画，这些都是我们人类有意识的信息记录。但随着人类社会的迅速发展，我们想要记住的信息越来越多，这些原始方式显然不够用了。

在这种迫切的需求下，聪明的原始人想到了造字。

如果我们追溯几千年前那个时刻，俯瞰（kàn）世界版图，也许会发现一个有趣的画面。

在西方世界，一群原始人坐在丛林里点起篝（gōu）火，烤着猎物一起商量："兄弟们！对说话不算数，重要的事转眼忘，合作狩猎总出岔子的情况，咱们要不要造些文字，记一下我们的语音？"

注意，他们记录的是"语音"，这群原始人要创造表音文字[①]。

表音文字由字母组成，通常看到字，使用者就能知

[①] 表音文字指根据语言中某一个词的声音来构造形体的文字。

道读音，我们学的英文就是这样。

在东方世界，还有另一群原始人。他们在平原的大树下坐着，一边吃粟米瓜果，一边商量："各位，看我们那一串串绳结，谁记得第一串记了什么事？要靠这个记忆信息可真难，事情记不清，日子分不清，各家的账也算不清！要不咱们造字吧？造出一种文字，来记录我们要表达的意义。"

他们要记录"意义"，要创造表意文字[①]。

东方世界的这群原始人，就是我们中华民族的伟大的始祖。我们的祖先一定没想到，在后来的几千年里，苏美尔人楔（xiē）形文字、古埃及圣书字、神秘的玛雅文纷纷失传，只有汉字沿用至今，几千年来没有断绝。不仅如此，汉字在历史上还影响过许多周边国家，我们今天看到日文里还有汉字，都是它影响了整个东亚文化圈的结果。

没想到吧！我们天天见面、无比熟悉的汉字这么有魅力！其实，如果你走进汉字的世界，会发现这是一座蕴含着中华民族智慧的大宝藏。每个字如何被创造？

---

① 表意文字指根据语言中某一个词的意义来构造形体的文字。

字形里藏着什么奥义？如何从古老的甲骨文变成现在的简体字？这其中有许多有趣的故事。

听完这些故事，你一定会打心底里佩服我们的祖先，还会为我们身处中文世界，是汉字的使用者而感到骄傲。

而且，当你深入了解汉字，理解了祖先的造字智慧后，保证很多汉字都让你刮目相看，从此记忆深刻，再不会记错弄混。

比如"即"和"既"。

这两个字字形相似，是不是很难分清？也不知哪个时候用哪个？让我们将这两个字还原成古文字看看。

甲骨文	金文	隶书	楷书

最左边是甲骨文"即"，它的左边是一个簋（guǐ），簋是古代一种盛放食物的器皿，里面盛满了美味的食物。字的右边呢，是一个小人儿跪坐着，正把脑袋伸过去，马上要大吃一顿的样子。后来，这个小人儿随着字形演变，慢慢站了起来，字的笔画也变得硬朗方正，逐渐变成了今天的"即"字。

小人儿凑过去，要吃东西，这里面蕴含着一种"接近""立刻"的意思。这个"即"，就是指接近、将要到达的那种状态，比如立即、即刻，都表示时间的接近和情形的紧迫。

而"既"呢？

甲骨文	金文	《说文》小篆	隶书	楷书

你看，字的左边还是"簋"，但右边的小人儿把头扭过去了，这表示他已经吃饱了，饱到对饭碗看都不想再看，说不定要吐了。总之，他是绝不会再吃了。既然是吃饱了的含义，这个"既"就有已经完成的含义。

所以，如果我们说"即将吃饭了"，那就是没吃，马上要吃；如果说"既然吃饱了"，那一定是刚吃完，下一句很可能是："那就别再吃啦。"

通过观察古文字，我们很容易地区别了"即"与"既"这两个字。

如果继续学习，你还会发现汉字里蕴藏了很多古人鲜活的生活经验。看看这个字：

猜猜这是什么字？字的底下像太阳，上面像不像小鸟的翅膀？看起来，小鸟正在扑棱棱地飞呢，这是甲骨文的"习"字。

你见过小鸟学飞吗？它可不是一下子飞起来的，通常鸟妈妈会带着小鸟站在树枝上，让小鸟看看妈妈是怎么飞翔的。鸟妈妈先扑棱棱飞到旁边的树枝上，小鸟看着，一使劲也扑棱棱飞过去。鸟妈妈再一拍翅膀飞回来，小鸟也跟着飞回来。鸟妈妈再飞上远一点的树枝，小鸟再一使劲跟过去，就这么来来回回地飞，小鸟终于可以越飞越远，越飞越高。

这就是"习"字，意思是像小鸟学飞一样，在一次次的练习中取得进步，直到自由自在，展翅翱翔。许慎先生在《说文解字》中说："习，数飞也。""数飞"是屡次试飞，能看出古人造"习"字时，蕴含了小鸟学飞的意味。

像小鸟学飞一样，"习"的特点在于从实践中学习。在中国文化中，"学"和"习"是认识和实践的统一。

"实践出真知"这样朴素的道理，就蕴含在"习"这个小小的汉字中。

深入地了解汉字，我们会看到中国人理解自己、理解大自然的方式。人在天地间有着怎样的位置？我们的眼耳鼻舌中又蕴含着什么奥秘？我们还会看到古人如何建立家庭，如何创建文明。所有答案，都在汉字中鲜活地展现出来。

走进汉字的世界，也是走进中国文化的世界。探索汉字的奥秘，不但能领略到汉字深厚的文化底蕴，还有许多意料之外、好玩有趣的故事。这趟旅程，一定新鲜快乐，收获满满，精彩纷呈。

还是先从我们祖先怎么造字说起吧。

我们说过，世界上的文字可以分成表音文字和表意文字两种，我们的祖先创造了表意文字。最初的造字方法，就是把事物画下来。

这很容易，太阳圆圆的，画个圈加个点，"日"字就造好了；月亮弯弯的，画个月牙加个点，"月"字也有了。

日（金文）　月（金文）

这种依据事物形态造出的字，就是象形字。象形字一目了然，好认好记，但缺点也很明显，按这种方法只能一物造一字，无法举一反三。要是想表达更抽象、复杂的含义，就很难做到了。

祖先们想了又想，啊！可以在象形字的基础上，画上关键标志啊！

要造"上"和"下"，就先画一条地平线，表示大地。在地平线上加一横，"上"表达得清清楚楚；地平线下加一横，"下"表达得明明白白。

上（甲骨文）　下（甲骨文）

要造"刃"字呢，就先画一把刀，在刀锋处加一个点，就是刀刃的"刃"了。

刃（甲骨文）

在象形字上加个重要标志，表达出抽象的意义，用这种方法造出的字，叫指事字。我们观察一下今天使用的"上""下""刃"等字，可以看出，这些字上依然有很明显的指事符号。

有了指事字，祖先的字库又丰富了些。不过，这种造字方法产能太低，我们今天统计到的指事字，不超过三十个。这是因为，没多少象形字适合标注指事符号。

看来，浩大的汉字造字工程，离完工还差得远呢。再想一种新方法吧。

有了！看看这个字：

这个字一眼看去，是不是像一只手？没错，这是象形字"又"，在古代，"又"就是手的意思。

有了这只"手"，我们祖先进行了奇妙联想，充分利用它来创造新字。

两只手？

想象一下这个字的画面,两个人手牵手并肩走,互相扶持、互相帮助,这就是朋友的"友"字。

再看这个,这回"手"在下,"人"在上,手伸出去,好像马上要抓到这个人了!有没有一种紧张、急迫的感觉?

这是甲骨文里的"及"字。"及"有赶上、达到的含义。例如及格,就是成绩达到合格的标准,而不及格呢,显然是不够这个标准了。再回看这个"及"字,那只小手向上够的样子,可真形象呢。

就这样,我们祖先用一个"又",造出了"友","又"与"人"相合,又造出了"及"。这种由不同汉字拼合造出的新字,叫会意字。

会意字内涵丰富,生动形象,可如果所有文字都用这种方法创造,都要展现出一幅鲜活的画面,祖先的头发怕是要愁没了。很可能造到最后,就是这种无法超越的样子:

𰻞

太壮观了有没有？如果你是个小吃货，可能对这个字不陌生，它念 biáng，是陕西的一种面食 biángbiáng 面。

这个字蕴含的信息可真多，也许为了好写好记，造字的人还发明了顺口溜："一点飞上天，黄河两边弯，八字大张口，言字往里走，左一扭右一扭，西一长东一长，中间夹个马大王，心字底，月字旁，留个勾搭挂麻糖，推着车子走咸阳。"

biángbiáng 面好吃，可名字太难写。会意字再有趣，也没法仅凭它来记录成千上万的汉语词义。

祖先绞尽脑汁，劳心劳力，字库却只填充了不到 15%。怎么办？赶紧开发一种高效简便的批量造字法！这个任务，迫在眉睫。

终于，有人想到了形声字！

形声字顾名思义，有形有声，形旁表示字义，声旁标注读音，两符一拼，造出一个新字。许慎在《说文解字》中说："形声者，以事为名，取譬（pì）相成，江河是也。"以事为名，就是依据事物的属性，给这类文字添加形旁；取譬相成，就是根据口语，取一个读音相同或相近的字，作为新字的声旁。

比如"拇"和"指"，都是与手指有关的字。那就以提手旁做形旁，表示意义；"拇"的声旁是"母"，"指"的声旁是"旨"，字音也就有了。

不过，声旁记录字音，随着语言演化，有些读音和最初的读音会略有出入。比如"拎"的声旁是"令"，"令"和"拎"虽接近，但声调和前后鼻音不同，这是历史上语言演变的结果。

形声法造字效率极高，其组合形式更不拘一格，左形右声，右形左声，上形下声，下形上声，都很常见。有了这种造字法，祖先造字可真是酣畅淋漓，一个形旁就能拼出一串属性相似的新字。

拿"木"做形旁来说，你能一下子想到多少字？

	形旁	声旁	
桃	木	兆	左形右声
柚	木	由	
梅	木	每	
梨	木	利	上声下形
架	木	加	

如果你回到古代，用这种造字法，是不是也能噼里啪啦、源源不断地造出新字？形声法实在效率太高，老祖先日积月累，加班加点地创造，用形声字填充了汉字字库的87%。

字库终于满了，祖先的造字使命基本完成，可以长舒一口气了。汉字的创造使用了象形、指事、会意、形声的不同方法，从简单到复杂，从低产到高效，这让汉字作为表意文字的坚持，几千年未曾动摇。

正是创造者的坚持，让汉字逐渐成为一种内涵丰富、表意完美的表意文字体系。这种文字承载着我们古人的生活智慧、社会经验，也包括他们对自然、对万物、对生命的深刻理解，甚至包括他们的人生态度、生活情感。这样的文字，才能自带强大的能量，历经千年而沿用至今，成为我们整个中华民族的骄傲。

汉字这座宝藏，值得我们细细探索。

知识拓展

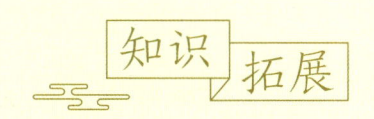

甲骨文全都是象形文字吗?

当然不是。在久远的甲骨文时期,我们充满智慧的祖先已经开发出了好几种造字法。在现阶段发现的甲骨文里,已经能看到象形、指事、会意、形声四种造字法了。

㇏(刃):刀上加一点来标注刀刃,这是指事字。

丮(及):一只手就要触及和抓到一个人了,两个字组成一个新字,这是会意字。

㳅(河):"可"用来表示读音,"氵"用来表示与水有关,这是形声字。

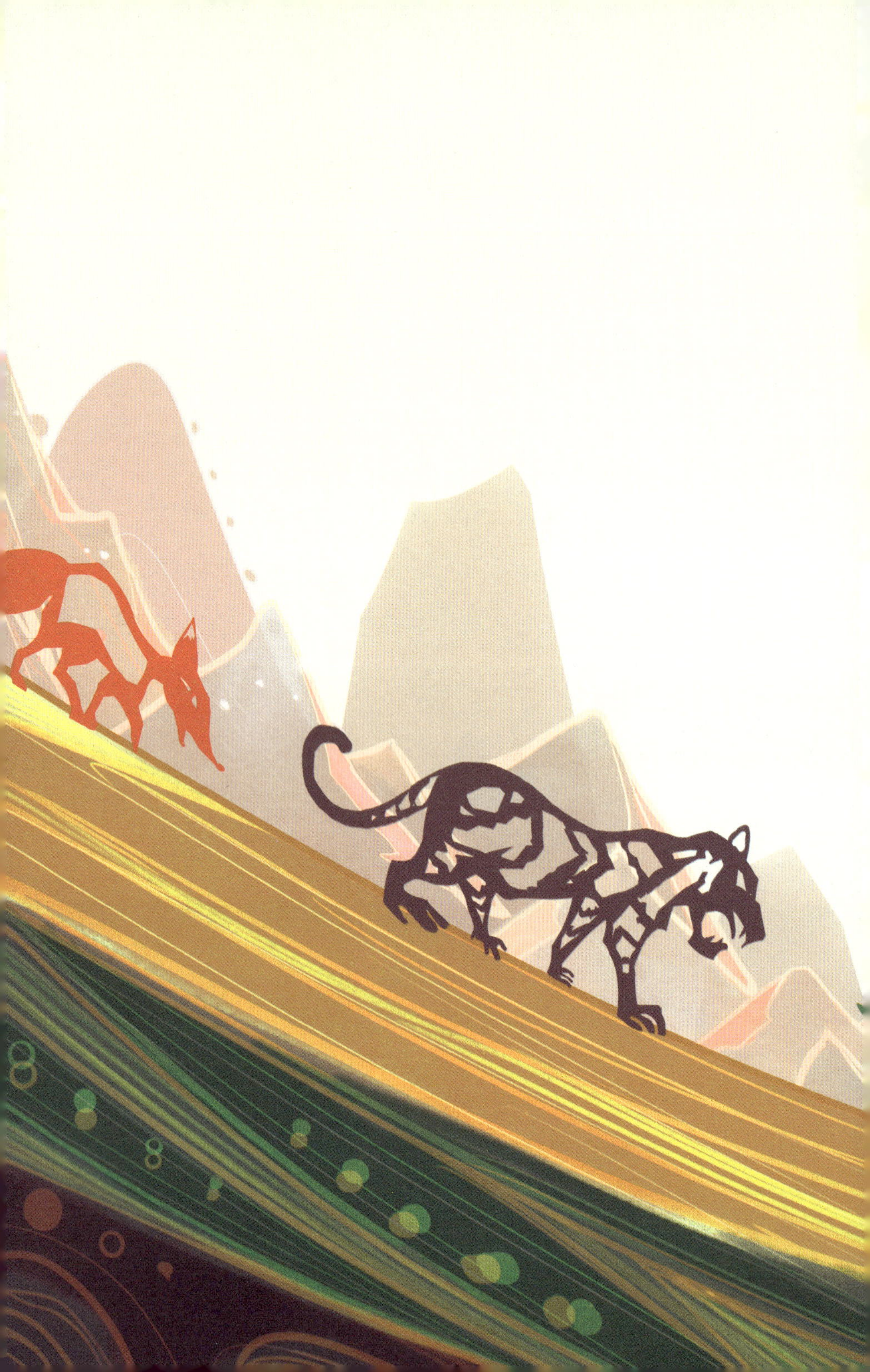

第三章

汉字的演化

汉字是人类历史上使用时间最久、空间最广、人数最多的文字，和我们的生活密不可分。不过，你是不是有个小疑问，为什么博物馆里的文物上看到的汉字和我们常见的不一样？甚至不同朝代的字都各有形状，有些认得，有些翻着书查也不认得。

在这一章，我们就来说说蕴含着中国人智慧的汉字，在华夏文明几千年间，经历了怎样的悠久演变。

在造字之初，祖先没有纸，也没有笔。他们创造了文字，记录在哪里呢？你可能已经听说过，在造字之初，文字的雏形是刻在陶器上的，在良渚等地辉煌的早期文明中，我们能看到文字的雏形。这种锲刻的书写方式，在殷商时期的甲骨文中，体现得淋漓尽致。尽管殷商时期已经出现了毛笔，但毛笔书写的汉字，早已失传。我们见到的甲骨文，基本上是刻在乌龟腹甲或哺乳动物的骨头上。下图是刻在乌龟腹甲上的甲骨文。

甲骨文的发现，是在一百多年前的晚清时期。当时有个叫王懿（yì）荣的大臣，他身体不适，抓了中药。他闲来无事，挑出一块龙骨来看。龙骨就是古代哺乳动物的骨骼化石，通常是大象、犀牛、三趾马等大型动物的骨骼。中医认为龙骨入药，有镇定安神的功效。

王懿荣把玩龙骨，前看看，后看看，琢磨着这是什么动物的骨头。突然间，他看到这龙骨上刻了一些奇奇怪怪的符号。可巧，王懿荣也是一位金石学家[①]，平时就爱文物收藏，他敏锐地意识到，自己可能发现了什么。

"马上去全北京的药店，把龙骨一块不剩地收回

[①] 古代研究青铜器、石刻上的文字的专家。

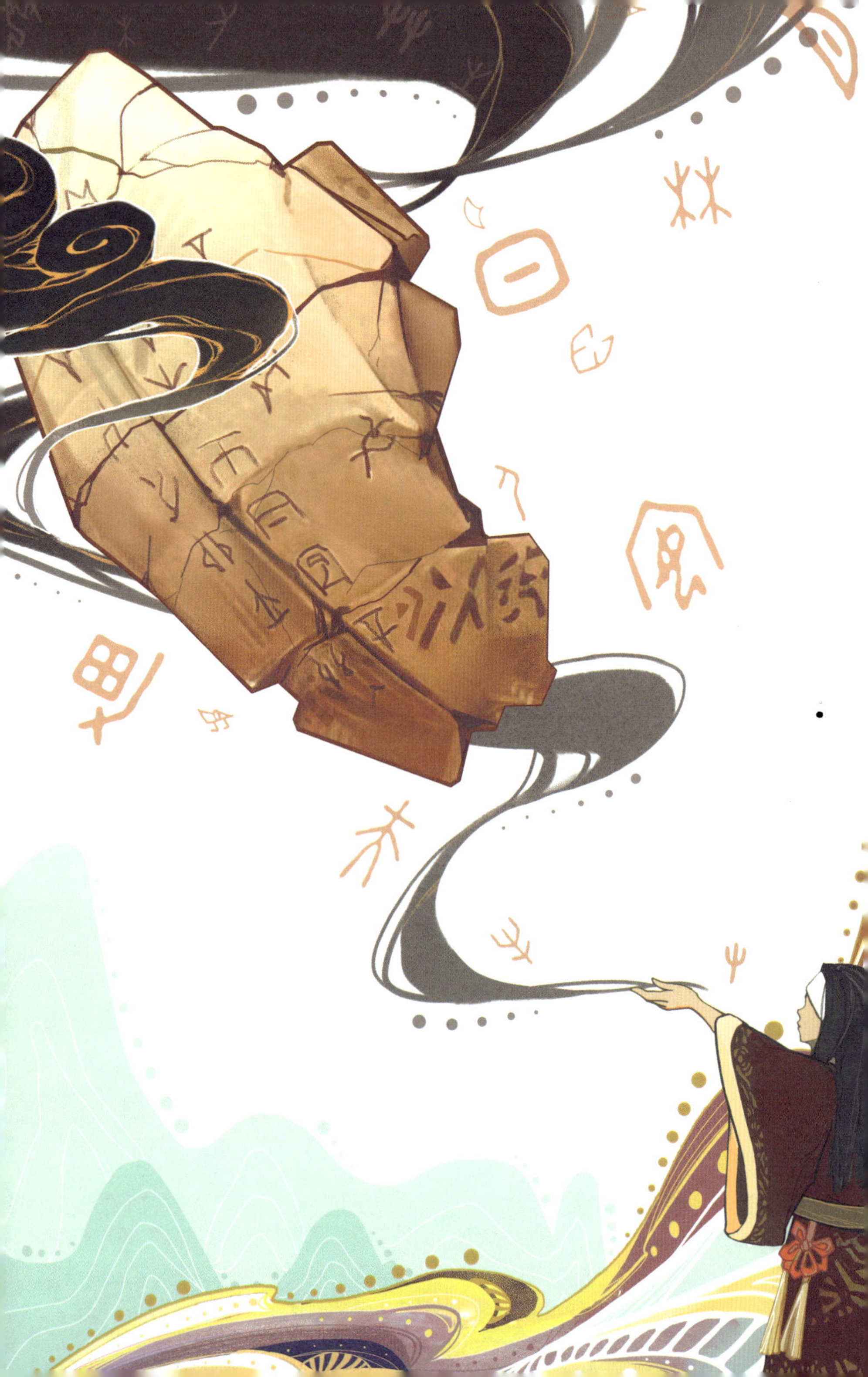

来!"王懿荣立刻吩咐手下。

龙骨一到,王懿荣挨个察看,果然发现了更多刻有字符的龙骨。

这真是一个巨大的发现,中国人第一次验证了甲骨文的存在。

你会不会好奇,三千年前的甲骨文都记录些什么呢?经过古文字专家的研究,甲骨文中记录的大多是殷商王室占卜的事。古人迷信,小到日常天气、打猎、农业收成,大到作战、祭祀,凡事都要占卜。就这样,我们从甲骨文上,了解到殷商时期的历史与人们的生活情景。

当时给甲骨文刻字的人,都是举行祭祀的巫师。

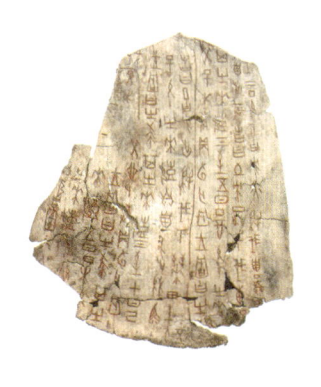

左边这块是乌龟腹甲,右边这块是牛肩胛骨,这上

面的文字就是经典的甲骨文了。

从甲骨文发展而来的,还有一种非常古老的文字,叫金文。

金文的"金",不是指金光灿灿的黄金,而是指青铜。如果我们去历史博物馆,就会见到很多工艺精美、造型典雅的青铜器。青铜器在古代是权力和地位的象征,只有王室和贵族才能制造、使用。先秦时称铜为金,青铜器刚被铸造出来的时候,就是金灿灿的闪闪发光的模样,所以刻在青铜器上的文字,称为金文。

与甲骨文相比,金文的字形更多,记录的内容也比甲骨文更丰富,通常都是国家要事。

但是,作为早期文字的甲骨文和金文,有一个不可忽视的重要缺点。

不信?我们来玩个猜字游戏。

这是什么?一个脑袋,四个小爪子,好像是只小乌龟。

对,这就是甲骨文"龟",它是一个象形字,拟形已经很成熟了。

那这个呢?

露着四个小爪子,好像是只小乌龟的侧面?这还是"龟"字。

这……也像一只小乌龟,可有只小爪子断了,难道是只死乌龟?

是不是很迷惑?三个甲骨文,明明都是"龟",怎么那么不一样?

龟字随便一数,都有三种写法,再看这个字:

这些奇奇怪怪的字是什么?一个口里两颗牙,一个口里四颗牙,最多的有六颗牙。更奇怪的是,有的牙还长在了外面?!

这就是古文字"齿"。我们的牙齿都整整齐齐，古人的牙齿怎么那么惨？

其实，这是古人真实的牙齿状态。在上古时期，烹饪条件有限，古人常常茹（rú）毛饮血，吃饭十分费牙。而且，他们没有牙刷、牙膏、牙医，牙齿用不了多久就坏了。"齿"这个字，可以说非常写实。

牙不好，吃不了太多食物，身体就不好。"齿"字也揭示出古人的身体状况，那时人的平均寿命只有三十岁左右，可真是太短了。

这么多"龟"，这么多"齿"，都是一个字的不同写法。这样的字，叫作异体字。

异体字的出现不难理解，汉字是表意文字，中国地域辽阔，汉字的创造和使用者分布各处，同样的事物，选择什么形旁、采用什么写法，真是因人而异。而且，当时汉字没有明确的使用规范，没有人说哪个对，哪个错。

就这样，从甲骨文到金文，尤其到后来的战国文字，异体字比比皆是。

战国时期，诸侯林立，各国都有自己的文字，谁都不肯让步。中国历史上文字混乱的局面最终被一个人改变，那就是秦始皇。

千古大帝秦始皇，霸气威武，无人不晓。

但他统治国家时，也有自己的无奈和烦恼。

什么？秦始皇也有治国的烦恼？是什么呢？这还真与汉字密不可分。

秦始皇统一天下之后，给其他六国颁布诏书，发布秦国的政令。没想到的是，六国的贵族和百姓都不买账，他们纷纷说："秦国文字和我们国家的不一样，我不认识，看不懂，没法听你的。"

	秦国文字	三晋文字	楚国文字	齐国文字
者				
市				

这理由好像很充分，但秦始皇怎会善罢甘休？他冥思苦想好几天，也没好主意，于是把丞相李斯叫来。

"怎么办，李丞相？六国人说看不懂。"有些焦急的秦始皇问。

李斯想了想，脸色一黑："陛下，有了，和咱秦国不一样的文字，统统废掉！"

关于历史车轮如何无情地碾压过其他六国，暂不多说。无论如何，在大秦帝国的强权下，实现了中国历史上的首次文字统一。我们今天看到的小篆，就是秦始皇下令统一规范使用的文字。

从甲骨文、金文到小篆，汉字经历了一次质变。小篆整整齐齐，典雅好看，即使它还有很多象形元素，但经过了人为规范，好认多了。小篆的"龟"，已统一为侧面的龟，再没那种半死不活，或者自上俯瞰的龟了。

同样，小篆中的"齿"，下面是牙齿的象形，上面添了一个停止的"止"，"齿"就由象形字变成了形声字。

小篆写法规范，充分体现出古人的造字智慧。它包含的文化信息非常丰富，不过缺点也很明显。

一眼看去，这些字是不是特别复杂？拿起笔，写写看，要悬起手腕，凝神静心，深吸一口气，先一笔，再一笔，拐弯转笔，又来一笔，好不容易要结束了，赶紧"唰"一笔下来。

小篆难写，但使用率又特别高。秦始皇不但能打江山，还是个不折不扣的"工作狂"。史书记载，他大事小事都要人上报，每天的奏折有一两吨重。

看奏折的人不眠不休，写奏折的人叫苦不迭，一字一句一卷书，都用小篆书写，只怕奏折"断供"。

因此，尽管丞相李斯规定用小篆，可那些负责抄写的人，还是发明了一套简易字体。因为多是小吏抄写，这套字就叫隶书。

来看看同一个"带"字，隶书和小篆的区别。

《说文》小篆　　隶书

我们对古人腰带的印象，都是上面系着玉佩，还垂下各色丝绦，华丽好看。小篆的"带"字，十分写实，特别像腰带缠在身上，还挂了一串饰物的样子。

而隶书中的"带"就简明多了，横平竖直几笔一勾，一个"带"写好了。

后来，随着时间推移，隶书字体也有发展。相比早期隶书，汉代隶书更为注重美感，在书法中讲究蚕头燕尾，起笔凝重，结笔轻疾，就是隶书最常见的笔法。

由古文字发展而来的汉代隶书，已经和我们常见的文字十分接近。在隶书的基础上再简化一步，就是我们现在最常用的楷书了。

带
楷书

《辞海》说楷书"形体方正，笔画平直，可作楷模"，也就解释了它为什么叫"楷书"。

楷书端端正正，横平竖直，整个字形从隶书的扁平形变成了正方形。从隶书到楷书，字体更正，笔画更直，基本确定了汉字"方块字"的形象标准。到这里，汉字的演化终于告一段落。

这可真像一个产品设计的过程，汉字是表意字，首要需求是辨识度高、好认，那就需要字形中的信息含量充足，这是甲骨文和金文努力的方向。确定了字形含义后，如果字体无法规范统一，东边人这样造，西边人那样造，北边人不认南边人的字，局面肯定混乱。在文化大一统的需求推动下，小篆应运而生。有了统一规范的小篆，汉字还要满足书写效率的需求，于是出现了隶书、楷书。在几方面因素的综合作用下，汉字字形就这么逐步简化了，书写也更加便利。

这就是汉字从甲骨文、金文、小篆演变到隶书、楷书的历史过程。转念想想，汉字的发展规律是不是有点像我们的人生愿望？我们常说，人要活得通透明白，就像汉字去除了各种异体干扰一样，变得非常好认；我们还说，最好再活得轻松点，少些负担，就像汉字要简便好写，别那么多弯弯绕绕一样。

好认好写，就是汉字演变的推动力。简单通透，也是高明的人生状态。

知识拓展

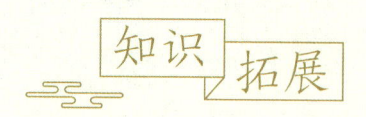

龟甲兽骨上的甲骨文，多是对占卜的记录。在天津博物馆中，就藏有一块有趣的甲骨文，记录的占卜内容是："第二天庚寅日，妇好是否可以分娩？"

妇好是谁呢？她是商王武丁的妻子，同时也是商代著名的祭司和将军。从这块甲骨上，我们能看到一个等待着妻子生子的丈夫，他又激动又焦虑，忍不住问问上苍和神灵。

第四章

关于人的汉字秘密

几千年前，我们的祖先创造了汉字。汉字最初是象形字，祖先看到太阳，画出像太阳的字，看到鸟，画出像鸟的字。在汉字中，满满承载着祖先对天地万物的理解。那么，他们是怎么理解人类自身的呢？

这一章中，我们就来探索汉字蕴藏在"人"里的奥秘。

甲骨文　　金文　　战国文字　《说文》小篆　隶书　　楷书

这是"人"字从甲骨文到金文，再到小篆、隶书和楷书的演变过程。几千年来，"人"的字形并没有发生太大变化，可以说是一脉相承。

你看甲骨文中的"人"，侧面站立，简单明了。当然，祖先造字并不简单，汉字里蕴含着深厚的文化内涵。对"人"字，许慎在《说文解字》里说："人，天地之性最贵者也。"

人是万物之灵，在天地间各种各样的生物中，人是最有灵气、最了不起的。《礼记》中说："人者，其天地之德，阴阳之交，鬼神之会，五行之秀气也。"人集天地之灵气，日月之精华，是宇宙万物中最宝贵的存在。

人在天地之间，最为尊贵，体现出中国古人对人类的理解。不过，人类并不是"唯我独尊"，《三字经》里有一句"三才者，天地人"，这就是古人对天地万物的功能分配。这个说法，其实最早出自《易经》。所谓天地人三才，是说上天行云布雨，创造万物生长的基本条件；大地孕育生命，植物动物生生不息。没有天地，就没有大自然。

而天地人中的"人"有什么作用呢？

古书中说了一个字，赞。

咦？难道古人是说，天地需要我们人类称赞吗？不不不，天地有大美而不言，没有这么肤浅的需求。这个"赞"不是赞美、赞叹，它蕴藏着"助"的含义，就是现代汉语中的"赞助"之义，指用合适的方式支持和帮助有需要的人。

中国古人认为，在美好的大自然中，万物蓬勃生长，草木欣欣向荣，动物各从其类，生生不息。至于作为万物之灵的人类，千万不能对大自然只索取、不建设，更不能肆意破坏，而是要顺应天地，辅助大自然，使之变得更加美好。这是我们人类作为万物灵长的责任，也是古人"天人合一"的重要思想。

人被大自然滋养，吸取天地精华，成为一个顶天立地的大人。不过，这样独立于天地之间的一个人总有点孤零零的。要知道，人类是有群居属性的，需要生活在群体中。从远古时期起，人类就协同劳作得以生存。基于人的社会合作与社会关系，我们的祖先用"人"字延伸出了新的字。

比如……两个人。

| 甲骨文 | 金文 | 战国文字 | 《说文》小篆 |

| 隶书 | 楷书（繁体） | 楷书 |

二人为"从"。古文字中的"从"很形象，一个人在前面走，一个人在后面麻利地跟着。看上去，他

仿佛想牢牢拽着前面那人，生怕自己跟丢一样。《说文解字》中说："从，相听也。"相听，就是言听计从的意思。我们后来由"从"组成服从、顺从、听从等词语，都有一个人跟着另一个人，听命于他的含义。

两人都面向左站，是"从"，要是都转个身呢？

甲骨文　金文　战国文字　《说文》小篆　隶书　楷书

我们看到，这个字到了隶书、楷书阶段，就非常明显了，是"比"。《说文解字》中说："两人为从，反从为比。"

有意思的是，这一回，两个人在一起，不是谁听命于谁的关系，而是要站在一起一较高下，比试比试。

在我们写作文的时候，有种修辞手法，把相同句式一个个排放着，比如："美是漫步在蓝天上的几缕浮云，美是跳跃在湖面上的一抹夕阳，美是回荡在密林中的几声鸟鸣……美是秋天田野上的一片金黄。"

这种整整齐齐排放的感觉，是不是和"比"很像？这种修辞方法，就叫"排比"。

一个人傲然挺立于天地间，两个人可"从"、可

"比",那三个人呢?

你一定猜到了,就是"众"。

你有没有发现,用三个相同的字组合的汉字,很多都有数量众多的含义?比如三木为"森",森林里有很多棵树;三日为"晶",晶最初指的是天上的繁星,现在也有明亮、闪耀的意思。

无论是"人"本身,还是这几个由"人"延伸出来的汉字,都是侧面的人形。那除了规规矩矩,侧身站着,"人"还能摆出什么姿势呢?

看到这里,我们不如起身,一起比画比画。

来,找个空地,双臂伸开,两脚叉开,深吸一口气,舒展、舒展、再舒展……感受四肢无限延伸。嘿,心中有没有升起一种顶天立地的豪情?

保持这个姿势,想想自己用身体写了一个什么字?对,就是"大"。

| 甲骨文 | 金文 | 战国文字 | 《说文》小篆 | 隶书 | 楷书 |

和"人"一样,"大"的字形演变不算明显。由甲骨文到金文,"大"都是张开双手、顶天立地的人。到

了小篆中，开始有了线条字形。到了隶书，线条再演变成笔画。这个人的双手已变成一横，脑袋和双脚变成一撇一捺，最终成为楷书的"大"字。

老子在《道德经》里说，"道大，天大，地大，人亦大"。就是说人和天地并尊，是万物之灵。想象一下古人所说的"人亦大"，那真是一个挺立在大地之上，非常有尊严的人的形象。

有了"大"这个造字基础，祖先想了想，在"大"字下面加了一横。

| 甲骨文 | 金文 | 战国文字 | 《说文》小篆 | 隶书 | 楷书 |

单看甲骨文，这个字是踩滑板车的小人儿？当然不是！汉字中的一横表示大地，这个人站在大地之上，对，这就是"立"。

说起来，"立"与人类的起源密不可分。关于人类起源的问题，根据科学家的研究，我们经过了几千万年，从猿进化成现在的人类，人类成为今天的模样，还创造了璀璨（càn）的文明。根据科学研究，从猿到人最重要的变化，就是直立行走。

站起来用双腿走路这么重要？是的，科学家告诉我们，双腿行走需要的能量，还不到四肢着地走路的四分之一。不但耗能少，而且双手一腾出来，就可以创造各种各样的工具，更促进了大脑的发展。

"立"可真是一个里程碑。

人能够顶天立地，站立在天地之内、宇宙之间，真是十分伟岸。立是人类进化的关键，它的本义是人站在地上，由此又引申出树立、成立、建立等含义。

当我们长大之后，就要自立。自我独立，不再依靠别人的力量，堂堂正正，气概非凡，就真的是一个大人了。对这样的"大人"，有没有什么字是专为它设计的呢？

当然有，就是它：

夫	夫	夫	夫	夫	夫
甲骨文	金文	战国文字	《说文》小篆	隶书	楷书

这个字就是"夫"。《说文解字》说："夫，丈夫也。""夫"指的就是顶天立地的大丈夫，也是古人对成年男子的统称。

仔细看"夫"字，它和"大"很像，在"大"的基础上加了个"一",这是一个典型的指事字,这个"一"就是藏着玄妙的指事符号。《说文解字》中说:"夫,丈夫也。从大,一以象簪也,周制以八寸为尺,十尺为丈,人长八尺,故曰丈夫。"

"人长八尺,故曰丈夫",很好地解释了"丈夫"一词的由来。在周朝的时候,有这样一组丈量单位:八寸为一尺,十尺为一丈。男人身长八尺,快一丈长了,所以叫"丈夫"。但为什么还要说"一以象簪也"呢?"一"像簪子一样,簪子和丈夫有什么关系吗?

还真有!"大"字上面这一横,和古代一个非常重要的典礼有关,那就是成人礼,也叫冠礼。

冠礼与束头发的簪子密不可分,我们先来说说古人的发型。看过古装电视剧的小朋友都知道,剧中人不论男女老少,都是长发,或散或盘,古人没有短发的。这不是出于审美或个人爱好的要求,而是因为古人注重孝道。孔夫子说,身体发肤,受之父母,不敢毁伤。在古人的观念里,头发是爸妈给的,不会轻易剪发,否则就有不孝的嫌疑。

古人的发型也很讲究,每个年纪有对应的发式。比如幼年时,就要梳两个小辫,然后卷起来团成发髻,一边一个顶在脑袋上。这种可爱的发型,因为像小牛角,所以也叫"总角"。

小孩子圆圆的脑袋上梳着总角,憨态可掬。不过总有些不喜欢孩子的人,于谦小时候就遇到过一个。于谦就是明朝那个"粉骨碎身浑不怕,要留清白在人间[①]"的大英雄。

[①] 出自于谦《石灰吟》:"千锤万凿出深山,烈火焚烧若等闲。粉骨碎身浑不怕,要留清白在人间。"

于谦小的时候,梳着总角,四处跑跑跳跳。有一次,遇到一个大人,对他招招手说:

"小孩,咱们对个对子吧,我给你出上联,看你对得出下联不?上联起——牛头且喜生龙角。"

这个讨厌的人是说:于谦,你这个笨小孩,明明是笨牛一头,还以为自己顶着两个龙角。

于谦瞪着那人,心想:哼,我人虽小,也不能由你这么挤对啊!牛头且喜生龙角?等我给你下联。

"狗嘴何曾吐象牙!"于谦不卑不亢地回了过去。

嘿,这对子对得真工整,也真犀利!我们先不评价这故事如何,在这个对子中,能非常形象地看到古代小孩的发型。

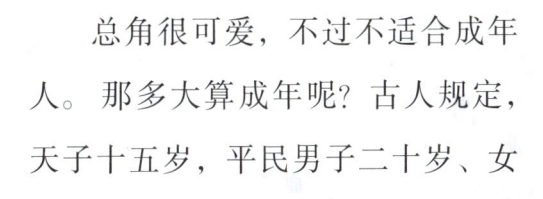

总角很可爱,不过不适合成年人。那多大算成年呢?古人规定,天子十五岁,平民男子二十岁、女

子十五岁就算成年，可以参加各项活动，也可以结婚生子。

这时候，男子需要施行冠礼，女子则是笄（jī）礼。

冠礼是古人一生中的重要仪式。在冠礼上要穿上十分讲究的礼服，仪式的步骤繁多，但最为关键的环节，就是把长头发梳到头顶，绾成一个圆圆的发髻，用一块六尺长的黑布包好，拿一根发簪固定，再用冠卡住，底下系好丝带。戴好了冠，冠礼最关键的环节就完成了。

冠礼之后，受冠者就是端庄稳重、落落大方的成年男子了，他要顶天立地，承担起国家和社会的责任。一个梳着总角的小孩子变成了大丈夫，"夫"字上面那个"一"，就表示标志性的簪子。

在古文字里，确实藏着很多奥秘。祖先创造汉字时，由一个"人"，延伸到人群中的人、社会性的人，于是就有了"从"，有了"比"，有了"众"。他们不甘于此，再上升一个维度，把人放在宇宙之中，于是我们又能看到他们心中顶天立地、作为万物之灵的人。这个"大人"，傲立于天地之间，展现出人的尊严与价值。现在，你再看到"大""立""夫"这几个字，会不会对它们有了更丰富的理解?

古人对人,对人与天地万物的关系的理解,都通过汉字得以彰显。由"人"延伸出来的字还有很多,我们今天学习汉字,学到的不只是汉字本身,还有它所凝聚的古老智慧,这正是中华民族文化的根底。

让我们从"人"开始,领略汉字背后更广阔的世界。

知识拓展

"命"这个字看着也是人字旁,它和人有什么关系呢?看看"命"的甲骨文字形,猜一猜。

其实"命""令"两个字最早是一个字,所以会连用为"命令"一词。

𠇑	命	命	命	命	命
甲骨文	金文	战国文字	《说文》小篆	隶书	楷书

在甲骨文里,这个字上面不是人,而是一个倒过来的口,下面则是一个端坐的人。这是一个人在发号施令。后来,这个字慢慢变化,又增加了一个"口",进一步强调用嘴发号施令,于是有了"命"字。

在宗庙里下命令的,是神灵或者君王。他们的指令是不能拒绝的天命、君命,是个人无力逃脱的命令。所以在"命"字的内涵中,有一种有力的、权威的、不可避免的特点。

第五章

关于心的汉字秘密

走进汉字的世界,探寻汉字的秘密,是不是有很多意想不到的发现?这座祖先留给我们的宝藏奇妙又丰富,细细探究,乐趣无穷。

在上一章中,我们发现了蕴藏在"人"字里的奥妙,那我们接着想想,一个人从上到下,从头到脚,什么器官最重要?

答案你一定知道,就是我们胸腔里的这颗心。早在几千年前,中国古人就有了相同的结论。

今天的汉字之旅,就让我们到美好的心灵世界中,畅游一番。

先来看看古文字的"心"是什么样的:

甲骨文

在商代的甲骨文里,"心"是一个标准的象形字。我们祖先不但画出了心脏的外形,甚至连左右心房、左右心室都分得清清楚楚。他们对"心"字的设计,真是非常细致。可是"心"毕竟看不见,摸不着,古人如何定义它呢?翻出《说文解字》,我们看到:"心,人心。土藏,在身之中。博士说以为火藏。"

什么土藏?火藏?真是奇奇怪怪,太抽象了。

别急啊,先来翻译一下。"人的心脏,就在我们的身体里,是属土性的脏器,但汉代的博士也认为心属火性。"土性?火性?还是很难懂呢。不妨让我们回到生活中,你虽然看不见自己的心,但是能感受到它。当你着急上火的时候,"心"也真真切切地有火急火燎的感觉,这就是古人所谓的"火性"。

关于心的"火性",我们先来说个好玩的文化知识——五行(xíng)。

中国古人认为世间万物千姿百态,但基本元素就是金木水火土五种。这五种元素运动循环,形成了我们的整个世界。金木水火土属性不同,还有各自代表的颜色,比如火很热烈,属红色;以大地为代表的土属黄色;金属泛着耀眼的白光,金就属白色;木属青色;水深不见底，属黑色。

五行除了对应颜色，还匹配我们的五脏六腑（fǔ），比如肺主金，金属白色，所以想养肺就吃银耳、山药这种白色食物；肝主木，肾主水，脾主土。那心呢？心主火。在中医文化中，心是具有"火性"的内脏。

所以，如果一个人特别爱发脾气，心脏也不舒服，中医会说他心火太盛。我们想想，就是那种心里总有个小火苗在腾腾燃烧的感觉，可真是不太自在吧。

这种情绪带来的不舒服，我们的心会切切实实地感受到。大人特别生气时会捂着胸口，我们遇到不开心的事，心里也闷闷的。在汉语中有"心疼"这个词，我的玩具被别的小朋友弄坏了，我会心疼；自家小猫被邻居的小猫欺负了，我也会心疼。心疼这个词，真不是随便说说，而是一种真实的感受。

那古人是不是也一样呢？

当然一样。古人的心疼，还创造了一个特别有名的成语故事。

你一定知道，中国古代有四大美女，就是西施、貂蝉、王昭君和杨贵妃，传说她们有沉鱼落雁之容，闭月羞花之貌。其中，春秋时期越国的西施姑娘排在第一名。"浣（huàn）纱沉鱼"的典故说的就是她。那是一幅怎样的场景呢？传说西施去水边洗衣服，小鱼们看到这样的美人，全都愣住了，倏（shū）地沉到水底，好像在说："我不行，我太丑了，没脸见西施。"

西施虽然长得美，身体却不太好，她心脏总会不舒服，有个成语叫"西子捧心"，就是说她走起路来常捂着胸口，还要微微皱着眉。古人把皱眉的动作叫"颦（pín）"，《红楼梦》里整天哭哭啼啼的林妹妹，小名为颦儿，大概也是因为她经常皱眉。

西施太美，捧心、皱眉反而让她更加楚楚动人。村里所有人都议论她，围观她，感叹这个举世罕见的美人。这时候，村里另一个姑娘不乐意了，凭什么你们都关注

她?我也可以啊。于是,她也学着西施的样子,天天捂胸口、皱眉头,在村里走来走去。可这下状况全变了,富人见了她,赶紧回去牢牢关住房门;穷人见了她,也要带着妻儿马上躲开。因为这个姑娘住村东边,所以就有了"东施效颦"的成语。"效"就是模仿的意思,"东施效颦"这个成语,形容那些盲目仿效他人,结果弄巧成拙的情况。东施的做法不可取。

不过,从西施身上我们能看出,心不舒服,是会表现在脸上的。

古人还认为,我们的想法、观念,也是出自内心。现代医学证明,人类的思想和情感反应,都是大脑在发挥作用,那是我们祖先错了吗?要这么想,可有些小看我们中国人了。

来看看和"心"有关的字吧。

| 战国文字 | 《说文》小篆 | 隶书 | 楷书 |

这是"思"想的"思"。在隶书和楷书中,"思"的上面是田,下面是心。难道"思"就是心里天天想种田?当然不是!造字祖先又不是地主。

再往前看看,在金文和小篆里,"思"的上面是"囟"字。这个字读 xìn,平时很少见吧?其实它很有意思,《说文解字》说:"囟,头会脑盖。"

脑盖?对,摸摸你的小脑瓜顶,摸到最上面那一块,就是脑盖,也叫天灵盖。当我们还是小婴儿时,天灵盖与旁边的头骨间还有缝隙,要长一长才能闭合。婴儿头顶摸起来软软的地方,就是囟门。

如果你有机会观察小婴儿的囟门,就能看到那儿真是呼扇呼扇,一跳一跳的。古人也一定观察到了,我们的祖先说,那是思想在运动呢。对啊,就是我们的小想法在跳跃。

再回看这个"思"字,从囟从心,祖先原来早就知道,我们的思想,其实与头脑和心灵都密不可分。也就是说,那些千奇百怪的想法,纷繁复杂的心绪,变化多端的情感,既来自我们的头脑,也牵绊着我们的心灵。一个小小的汉字,包含了古人非常深刻的洞察。

再看这个字:

想　　　想

《说文》小篆　　楷书

"想"字上面是"相","相"本义是查看,观察形状,加以判断。我们有时说众生相,就是指各种各样的形象。那这个"想"字,从心从相,是说我们心里所想的,都与形象相关吗?

来做个小实验,现在我们使劲想,我要吃好吃的!

油焖大虾、冰糖肘子、红烧鹅,统统来!

怎么样?热气腾腾、香气扑鼻的一桌美味,是不是都在你的小脑袋里了?

不只是吃的,想玩的也一样。试着想想,积木、赛车、变形金刚、芭比娃娃,你想玩哪个?

只要一想,它们的形象就全蹦出来了吧?

要是爸爸妈妈出差了,你想念他们,你想的是爸爸妈妈这个称呼,还是他们和蔼可亲的形象呢?不用说,一定是爸爸妈妈的样子,对不对?

所以"想"这个字,真是很有意思。它的字形就告诉了我们,心里蹦出来各种各样的形象——"相",就是"想"。

《说文解字》里说,"凡心之属皆从心"。在汉字中,与"心"有关的字,展现出一个丰富多彩的心灵世界。各种各样的情绪,也和我们的"心"密不可分。收到了喜欢的礼物,心里很快乐;考试考砸了,心里很难过;拿着满是红叉的试卷回到家,除了沮丧,心里肯定还有些恐惧,爸爸妈妈会批评我们吗?心里好紧张啊。

各种思想、情感、情绪,几乎都是从"心"发出的。安不安定,自不自在,也许你的小脑袋还能安慰自己,可真实的情况,心跳是明明白白的。

与心有关的汉字,除了情感,还能表达什么呢?

战国文字　《说文》小篆　隶书　楷书

这个字很熟悉吧?忠心耿耿的"忠",你们有没有养过小狗?狗对主人真是一心一意,绝对忠诚。

战国文字　《说文》小篆　隶书　楷书(繁体)　楷书

"爱"字简化之前，都有个"心"，"爱"一定是发自内心的。

    德   德
  金文 《说文》小篆 楷书

德，不论品德、道德，首先都要心里美好。如果心里总想着坏事，还说自己是个有品德的人，谁能信呢？

    慧   慧
  《说文》小篆 楷书

慧，聪明、智慧，自然与心灵有关。

这些字都很美好，与"心"有关的字全是好的吗？当然不是，世界是多面的，我们的心也一样。

比如下面这些字，就不是多好的意思。

    忘   忘
  金文 《说文》小篆 楷书

"忘",遗忘。"忘"字上面是逃亡的"亡",下面是"心",忘了一件事,就好像这件事从你心里逃出去一样,跑丢了。

惑　惑　惑
金文　《说文》小篆　楷书

"惑",迷惑、困惑,不知该怎么办。你有没有过这种体验?去外面吃饭,点菜的时候要想个半天,土豆排骨还是番茄牛腩?还是再看看别的?"或"吃这个,"或"吃那个,这种疑惑,当然是从"心"里来的。

愚　愚　愚
金文　《说文》小篆　楷书

"愚",蠢笨的意思,从心从禺。"禺"字在古代也读 yù,本义是一种笨笨的、耿直的猴子。你有没有听过朝三暮四的故事?就是有人喂猴子,早晨给它三颗橡子,晚上给它四颗,小猴子觉得太少了,很不开心。这人就换成早晨给它四颗,晚上三颗,小猴子一下就乐意了。唉,小猴子笨不笨?所以"愚",说的也是那种笨笨的、心像猴子一样的人。

　　不论是好的感受，还是坏的感受，各种各样的内心波动，都与"心"有关。我们的祖先在造字时，有时把"心"写在下面，做心字底；有时放在旁边，做竖心旁，这也像我们丰富多彩的心灵，时时刻刻充满变化。高兴时心里像开花一样，生气时就像有小火苗在腾腾燃烧。在中国文化里，如何把握自己的内心，在修身养性的过程中拥有美好心灵，是特别重要的事。而最简单有效的方法，就是从当下的念头做起。

　　宋代思想家张载说："为天地立心，为生民立命，为往圣继绝学，为万世开太平。"这真是一段气势如虹的话！也许对现在的你来说，这些话不太好懂，但还是可以记住"为天地立心"这句话。我们要努力心存善念，修养道德，拥有美好的心灵。

　　这颗心，是我们做人的根本，也是我们未来拥有幸福人生的基础。

知识拓展

　　我们常说五脏六腑，五脏指的就是心、肝、脾、肺、肾。其中，"心"是一个典型的象形字。请观察一下肝、脾、肺、肾，它们的造字方法和"心"一样吗？如果不一样，它们用的是什么造字法呢？

　　在我们的五脏六腑里，"肝""脾""肺""肾"的造字方法和"心"并不同，它们都是形声字，"月"是形旁，另一半是声旁，用来表示读音。

　　需要注意，这里的"月"可不是指月亮，而是代表一片肉。五脏是人体器官，因此以"肉"作为形旁。

甲骨文	《说文》小篆	隶书	楷书
		肉	肉

甲骨文	金文	《说文》小篆	隶书	楷书
			月	月

请看上图,"肉"和"月"的小篆字形实在是太像了,所以"肉"在做偏旁部首时,就越写越像"月"字。我们称呼它为肉月旁。

知道了这一知识,也就明白了为什么"四肢"的"肢","油脂"的"脂"的偏旁都是"月"。

第六章

关于脸的汉字秘密

关于汉字，我们探寻过它的起源，揭晓了藏在"人"里的秘密，畅游过看不见、摸不着的"心"灵世界。你有没有发现，越走进汉字，越看到它与我们息息相关？汉字不仅博大精深，还形象生动，它不再是一种书面印象。

这一章，让我们找一找更丰富多彩的，藏在脸里的汉字小秘密。

关于脸上的器官，你第一个想起什么？我猜是眼睛。

眼睛是心灵的窗口，一张脸上，忽闪忽闪的大眼睛，留给人的印象最深、最美。我们的容貌可以改变，声音可以伪装，但眼睛不说假话。不论你开心还是伤心，轻松还是沉重，可以心口不一，但眼睛里藏着真相。

让我们看看，古人是如何创造表示眼睛的汉字的。

甲骨文　　　金文　　　战国文字

目　　　目　　　目

《说文》小篆　　隶书　　　楷书

目，就是眼睛。看得出，最初甲骨文和金文的"目"，是一个非常典型的象形字，祖先照着我们眼睛的样子，描出了眼眶，眼珠也原原本本地画了出来，活灵活现。后来随着汉字演变，等到小篆时，"目"基本竖过来，变成方形了。到隶书和楷书时，就完全演变成我们现在见到的"目"字。

有了"目"字，是不是还缺点什么？与"目"最近的，当然是"眉"了。

甲骨文　金文　《说文》小篆　隶书　楷书

甲骨文的"眉"，是在"目"字上面画了几根须毛，非常象形。到了金文，"眉"更加写实，和眼睛保持了合适的距离。等到汉字演变为楷书和隶书，才是

我们都认得的"眉"。眉毛很重要,眼睛要与好看有型的眉毛搭配,才更加美丽动人。因此"眉"也用来代称美女,现代网络用语把漂亮女孩叫作"美眉",古代画过十个美女的《十眉图》,都是以"眉"指代好看的女孩。

好啦,现在脸上已经有了眼睛,画了眉毛,然后呢?

猜猜 ⟁ 是什么?呼扇呼扇的。对,这是一只可爱的耳朵。甲骨文的"耳"特别象形,金文里的画面更丰富了,也是到了隶书和楷书,"耳"才演变成今天的样子。

甲骨文	金文	金文大篆	《说文》小篆	隶书

"耳"字本身似乎没有故事,但古人造字讲究效率,有了"耳",就可以组合出新的字,比如这个大家常见

的字：

取　　取　　取　　取
甲骨文　　《说文》小篆　　隶书　　楷书

"取"，最早见于甲骨文和金文，是夺取、获取的意思。"取"由"耳"和"又"组合而成，我们已经知道，古文字里"又"表示手，难道"取"就是用手揪耳朵？

这可真奇怪，手明明能拿工具，拿粮食，能拿各种各样的物件，为什么偏偏"取"字拿的是耳朵？难道这个字是孙悟空揪着猪八戒耳朵时灵机一动想到的？

不不不，这个字背后，其实有一种相当残忍的古代文化。

如果你看历史剧，就会发现在古代战争中，大将会骑着马，挥着长刀冲来冲去，斩下人头。为什么非得这样呢？那是因为古代战争场面混乱，想要证明自己杀敌多、功劳高，就要砍下敌人脑袋带回去。脑袋越多，功劳越大。

最初，粗野笨拙的原始人砍下敌人脑袋，不是拴在腰上，就是挂在脖子上，血淋淋，沉甸甸，挂多了也不方便，还得继续打仗呢。后来他们学聪明了，决定在脑袋上割下个东西当作证明，整个脸上……好像就割耳朵最方便。好下手，好保存，战争结束，论功行赏，抬出一堆耳朵，功高功低，一目了然。

而且规矩是必须取左耳，免得有人左右耳都割来充数。

所以我们今天看到的"取"字，本义是以手取耳，没想到如此常见的字，背后的含义这么残忍可怕吧。

继续造字，"取"字下面添个"女"呢？

| 甲骨文 | 《说文》小篆 | 隶书 | 楷书 |

就是嫁娶的"娶"，天啊，难道古代娶媳妇也要割耳朵吗？不是的，古人没有这样可怕。但这个字也和古代一个野蛮的制度有关。原始人娶媳妇实行抢亲制，这听上去和打仗俘虏敌人差不多，所以古人在"取"字下面加个"女"，造出娶媳妇的"娶"来。

好吧，我们看完"耳"和与"耳"有关的汉字，再来看看"口"。

甲骨文　金文　战国文字　《说文》小篆　隶书　楷书

古人造这个字，应该没费太多的脑细胞。"口"字象形，一目了然，金文的"口"好像还在笑呢。

许慎《说文解字》说，"口，人所以言食也"。"言"是说话，"食"是吃饭，古人明确表示，口的两个功能，就是说话和吃饭。

与"口"有关的汉字，不是关于说，就是关于吃。

这样的例子不胜枚举，比如叫唤的"叫"，大喊的"喊"，吹牛的"吹"，唱歌的"唱"，都是口字边，都要发出声音，与说有关。

而狼"吞"虎"咽"，嗓子不适要"含"片，喝果汁用"吸"管，这些口字边，都与吃有关。

我们已经看过目、眉、耳、口，摸摸脸上还有什么？对啦，就是我们的鼻子。

可是"鼻"好像与这几个字都不一样，我们很容易找到用"目"和"口"造出的新字，可没几个与鼻有关的字呢。

其实啊，这是因为此鼻非彼鼻。来，我们把"鼻"

还原成古文字。

甲骨文　　金文　　《说文》小篆　　隶书　　楷书

看得出,"鼻"是按鼻子的形状创造的,不过这个字最初并不是"鼻",而是"自"。在很长一段时间里,古人都把"自"当作"鼻"用。

乍一听很奇怪,"鼻"和"自"?有什么关联呢?

还真有,想想我们自我介绍时,会指着自己哪里呢?一定是鼻子吧。

中国古人把人看作一个系统,鼻是身上的基准点、正中心,明明白白代表了我们自己。

所以"自",又指"我",又指"鼻",但时间久了,用起来很混乱。于是,古人开始琢磨改造,在"自"下面加了一个"畀",这个字念 bì,做了"鼻"的声旁,原来的"自",是"鼻"的形旁。《说文解字》也说,"自,鼻也",又说"自,读若鼻",更验证了"自"和"鼻"的渊源。

回看汉字里的感官,眼睛看,耳朵听,鼻子闻,口能说话和品尝。眉毛则是美丽动人的标志。感官,是我们认识这个世界最直接的工具，脸是我们展现给世界的面貌。不过，在看世界的时候，我们是不是会思考，现在看着世界的到底是谁呢？

这个问题充满哲学意味，不分古今，所以古人也会这么思考。

是啊，看着世界的那个我，是谁呢？这就好像把一面镜子放在远处，从镜子中又看到看世界的自己，这叫反观自照。在这个过程里，我们会更深刻地认识自己，认识世界，看到世界中的自己，再回到脸中央的这个"自"。

这个"自"真是玄妙。要知道，认识世界和认识自己，是我们人类最重要的精神活动，而这二者之间的联系，竟体现在与我们脸部有关的汉字中。认识自己，看到自己的样子叫自觉；还原一个人本来的生命面貌，叫自然；而自由，是按照自己的想法，无拘无束；自主，是为自己的生命做主；自信，是充分地相信自己；自立，是自己的人生能够树立，从此成为堂堂正正的大人。

这么多司空见惯的词，都和我们的自我认识密不可分。也只有更充分地认识自己，才能更好地获得自立和自由。

　　这是"自"的深刻内涵,也是在汉字这座宝藏中,随手一掬就获得的奥秘。让我们从汉字开始,感受中华文化深厚独特的魅力。

知识拓展

猜猜看,这是什么字?小提示,它也和眼睛有关。

这个字是"省"。这个字为什么和"目"有关呢?从上面的甲骨文能看出,"省"的下面是眼睛,上面是小草,这是古人在用眼睛观察小草。所以,"省"最初是观察的意思,读作 xǐng。

观察自己内心的想法并进行反思就是"内省",反过去思考问题就是"反省"。用眼睛去看望自己的长辈和亲人,就是"省亲"。失去了观看的能力,昏迷过去,就是"不省人事"。在"内省""反省""省亲""不省人事"这几个词里,"省"都读作 xǐng。

后来,这个字又衍生出别的含义,在"省市""节省"中则读作 shěng。

甲骨文　　　　金文　　　　战国文字

《说文》小篆　　隶书　　　楷书

第七章

关于日月星辰的汉字秘密

汉字世界奥秘无穷，我们身处的大千世界，更是千姿百态。万事万物，有美有丑，有动有静，既有春天朝开夕落的鲜花，也有头顶永恒的日月星辰。

每一天，太阳从东方升起，西方落下，千百年来，日月循环运转从未改变。那么，古人在创造文字时，是如何理解并展现这些人类世界的永恒坐标的呢？今天，我们就通过汉字，看看古人眼中的日月星辰。

首先，当然要看对人类最重要的太阳。

这个"日"字，是一个非常完满的圆，中心点了一个点。

甲骨文　　金文　　《说文》小篆　　楷书

这就是古人眼中的太阳。它充实圆满，能量巨大，中心的点，代表太阳的光芒源源不断地散射出去，普照大地，万物生长。

"日"是标准的象形字，我们已经知道了古人造字的方法，有了"日"，当然要用它组成各种各样的新字。汉字中从"日"的字很多，随便举个例子，比如……你有没有听过周公？

周公？你也许要问，是周公解梦的那个周公吗？这么说也没错，周公在民俗文化里，就是被大家这么记住的。不过在中国历史上，周公可是西周时期杰出的政治家与军事家，他是周文王的儿子，周武王的弟弟，曾辅佐周武王讨伐纣王，并制礼作乐。孔子都非常崇拜他，还说自己经常梦见周公呢。

不过，你知道周公叫什么吗？

他叫 jī dàn！

天啊，如果不看字，只听音，你一定会目瞪口呆吧？这么伟大的圣人，原名鸡蛋？！

还好还好，只怪汉字同音字太多，其实他的名字是——姬旦。

原来周公姓姬名旦，姬姓当然是确定的，可周文王为什么要给儿子取名"旦"呢?"旦"有什么特别的含义吗?

我们看看,旦的字形很简单,上面是"日",代表太阳,下面一横,代表地平线。啊,原来"旦"就是一轮冉冉升起的红日啊!

初升的太阳驱走黑暗,大地被慢慢照亮,周文王给儿子取名"旦",其实是期望周公像冉冉升起的朝阳,成为周朝的希望。

太阳代表充盈、圆满和希望,那古人又如何看待月亮呢?

| 甲骨文 | 金文 | 战国文字 | 《说文》小篆 | 隶书 | 楷书 |

在古人看来,月有阴晴圆缺。月亮时时刻刻都在变化,短短一个月,就有上弦月、满月、下弦月等各种月相。于是,古人选了一个弯弯的,最有代表性的月牙,按照这个形象造出"月"字。

在浩瀚无垠的宇宙中,除了太阳和月亮,还有什么呢?跟我唱——一闪一闪亮晶晶,满天都是小星星。

这首歌我们太熟悉了,你看过璀璨的星河吗?那真是让人难忘。无数颗闪烁的星星挂在夜空，古人要如何造"星"字呢？

先看看古文字吧：

| 甲骨文 | 金文 | 战国文字 | 《说文》小篆 | 隶书 | 楷书 |

看得出，和日月不同，这个"星"字，经历了复杂的演变过程。

起初，古人试图用象形法造字，既然"日"是太阳，那发光的星星也用"日"表达吧。星星多得难以计数，"三"能表示众多，那索性用三个"日"，表示繁星点点。

就这样，"星"字造好了，乍一看没有问题，可是我们再来看看这个字：

| 甲骨文 | 金文 | 《说文》小篆 | 隶书 |

这是"品"，在古文字中，它和"星"可太像了，为了区别"星"和"品"，古人就在星字底下加了一个"生"，造出一个形声字。这样一来，两个字虽不会混

淆（xiáo），可"星"字更复杂了，这写起来：一个日，两个日，三个日，再加个生……写完一个"星"，墨都干了。

丁零零！懒惰小古人来了！既然难写，那就大刀阔斧地修改。把三个日变成一个，保留声旁，好了，一个新的"星"诞生，也就是我们现在看到的"星"字。

就这样，关于日月星辰，古人用自己的观察和想象，创造了恰如其分的汉字。不过太阳、月亮、星星，都是恒定的、具象的事物，而斗转星移，日月变迁，一刻不停地流逝的时间，该如何用汉字表达呢？

这可要费些心思了，时间看不见摸不着，特别抽象。不过古人很聪明，他们知道时间一定与日月星辰有关。在很早以前，他们就发明了一种叫日晷（guǐ）的器物。日是太阳，晷是影子，顾名思义，日晷就是根据太阳的影子，来捕捉、区分时间的工具。根据月亮的变化，古人更能区分出年月，就这样，依靠日月星辰，时间也被定义了。

我们来看看"时"字。

今天的"时"，由"日"和"寸"组成，难道"时"是会意字，指一寸光阴一寸金？

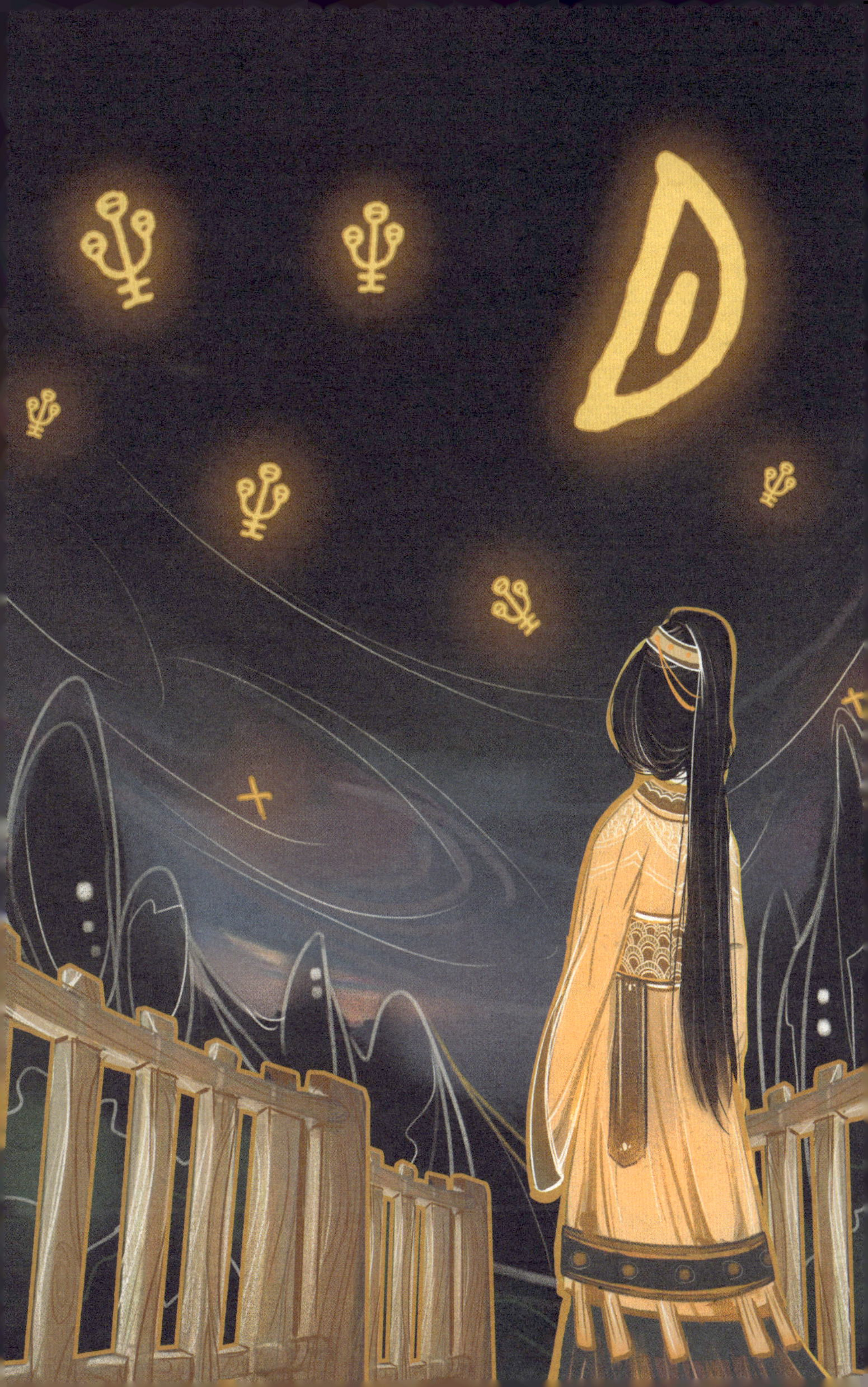

要确认含义，我们还是回看一下古文字吧。

旹　㫑　時　時　时

甲骨文　《说文》小篆　隶书　楷书（繁体）　楷书

繁体字的"時（时）"，左边还是"日"，但右边显然不是"寸"，而是寺庙的"寺"。难道"时"是太阳照进寺庙，照在和尚的光头上？这没道理啊！其实，这里的"寺"是"时"的声旁，"时"是一个从日寺声的形声字。

"时"从"日"，这个组合告诉我们，时间和太阳密不可分。太阳早上从东方升起，晚上从西方落下，日出日落，循环不息，这是人类最重要的时间标志。我们还有个很美的词叫"时光"，完美展示了时间和阳光的关系。太阳一寸寸移动，时间一点点流逝，其中的时间变化，都叫时光。

了解了"时"，我们再来看"间"。

我们现在见到的"间"，外面一个"门"，里面一个"日"，"间"是把太阳关进了门里？这可怎么理解呢？

来，让我们追根溯源，把"间"还原成古文字：

晶	዗	閒	閒	間	间
金文	战国文字	《说文》小篆	隶书	楷书（繁体）	楷书

啊，不一样了！最初的"间"真是一幅好看的画：一轮明月高悬，照着两扇关着的门，幽幽的月光，从门缝间照了进来。

原来这才是"间"的含义。《说文解字》说，"间，隙也。从门从月"。门虽关着，但因为有缝隙，房间里依然照进了皎洁的月光。

"间"是缝隙，有缝隙就意味着有空间。而时间和空间相通，"时"和"间"搭配，也就有了区分的含义。

就这样，以太阳为坐标，以月亮为参照物，时间被一分钟、一小时、一天……诸如此类的概念分割开，如果再问你"时间是什么"这种抽象的问题，只要分别理解了"时"和"间"的含义，答案就显而易见。

"时"，从日，太阳运转不息；"间"，从月，表示间隔，可以区分。这就是时间最基本的两个特质，一是永无止息，二是可以区分。

就这样，再抽象的时间概念，都可以通过与日月星辰关联，创造出恰如其分的汉字。时间与自然的造字关联，也为我们展现出，人类的生存与天地万物密不可分。

这是汉字带给我们的启示，人是万物之灵，却也在自然之中。天地万物彼此关联，相互定义，在古人创造的汉字里，蕴含着"天人合一"的文化精髓。

知识拓展

如果只看甲骨文,你能猜出这是什么字吗?这个字和我们讲过的"月"很像,但不是月。

这是"夕",太阳落下,月亮升起,晚上到了,这是"夕"。于是有"夕阳""除夕"等词语。

月亮升起,天黑了看不清人,需要呼唤对方的名字,或自报名字来确认彼此的身份。于是,一个"夕"加上一个"口",便有了"名"字。

在月亮的照耀下,宁静的海水拍打海岸,潮水涌动,加上水字旁,这便是"汐"。早晨的海水涌动,则是水字旁加上代表早上的"朝",这便是"潮"。合为"潮汐"一词,包含了日出日落、潮起潮落的节律和光影。

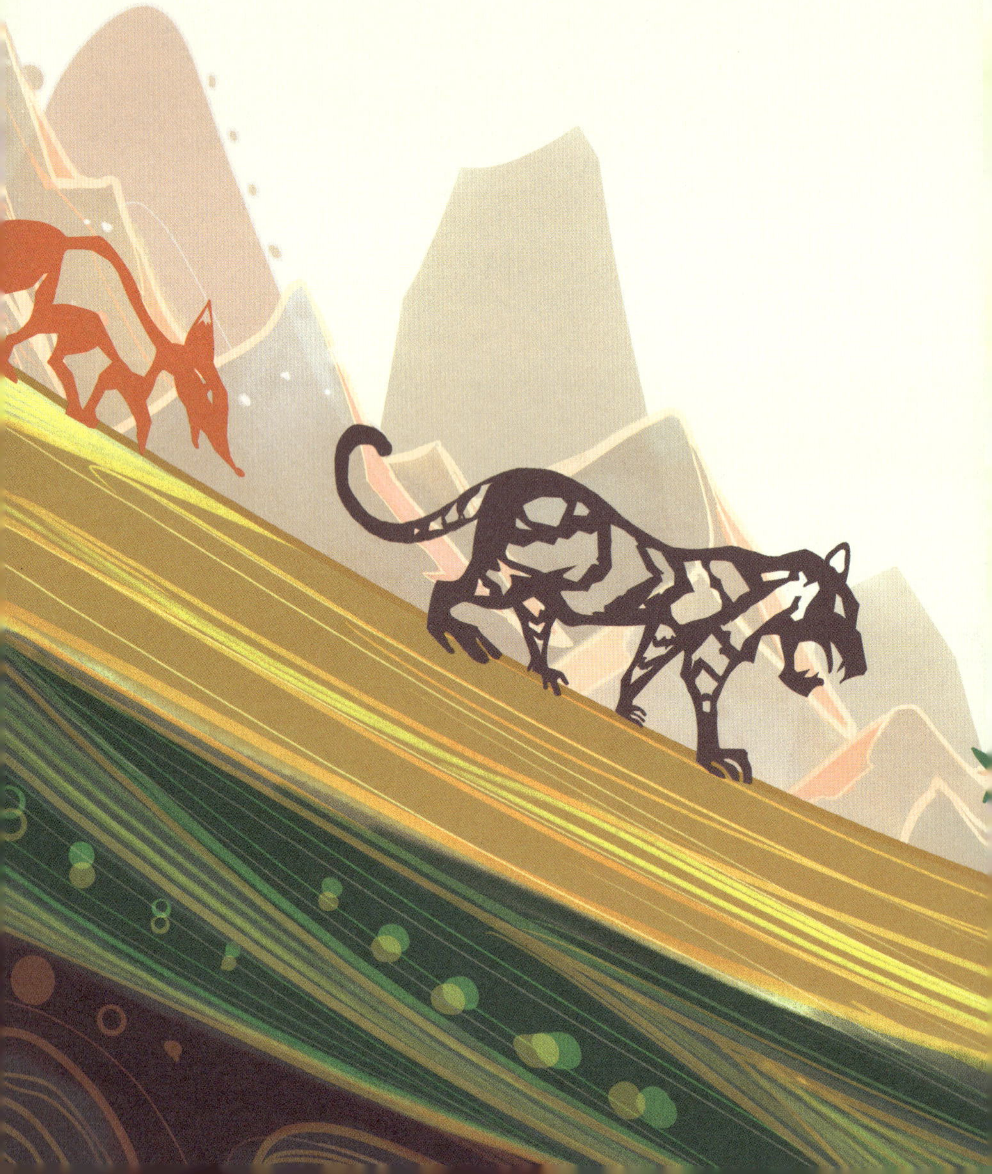

第八章 关于植物的汉字秘密

走进汉字的世界，既有头顶璀璨的星空，也有脚下坚实的大地。太阳照耀，雨水滋养，万物生生不息。在美丽的大地上，有身为万物灵长的人类，有各种各样的动物，还有青青小草，茂密森林，植物千姿百态。你有没有好奇过，汉字中有哪些关于植物的秘密呢？

让我们先从可爱的小草说起。

甲骨文时期的草——屮，是一个典型的象形字。一看就知道，这是一棵毛茸茸的、刚刚长出来的小草，还有两片嫩芽。其实这时它还不念草，念 chè。

这个"屮"字，现在很少见吧？但如果两个"屮"

并在一起，是不是有点眼熟？

两个小草芽并排，就是最早的草字头。有了这个草字头后，随着汉字的发展，古人在草字头下面加了一个"早"，就把"草"变成了一个上形下声的形声字，也就是许慎在《说文解字》里说的，"草，从艸早声"。

"野火烧不尽，春风吹又生。"这两句我们耳熟能详的唐诗，特别形象地描述出小草顽强旺盛的生命力。古人就借着"屮"字，又造出一个新字——生。

甲骨文　　金文　　《说文》小篆　　楷书

看得出，"生"是一个历史悠久的汉字，从甲骨文到楷书，字形几乎一脉相承。上面是"屮"，象征不顾一切、破土而出的小草芽。下面是土，指大地。很明显，古人造"生"字时用了会意法，展现出小草从大地中冒出头来，努力向上生长的模样。

你对这个熟悉的字，是不是有了更深的理解？生，原来是一棵小小的、柔弱的幼苗，从坚硬的大地中破土而出。古人真是有智慧，身躯纤细的小草蕴含着强大的生命力，"生"的字形，做出了对生命力最好的解读。

中国古代有本书叫《周易》，它不仅是讲算卦的书，更是一部阐述世间万象变化的古老经典。书中既有自然哲学，又有人文知识。这本书很不好懂，但实际上，《周易》的核心是五个字——"生生之谓易"，我们结合"生"的内涵去理解，《周易》要讲的道理好像就没那么艰深了。

生生之谓易，"生"字叠用，就是不断生长，不断循环。生生，是大自然运转不息的力量，就好像大地上的小草一样，春天破土而出，秋天枯萎变黄，即使一把火烧个干净，只要根还在，第二年春天，它依然会脆生生地发芽。就这样，春夏秋冬，世界生生不息，周而复始，这正是《周易》要表达的核心道理。

天地万物生生不息，一片繁荣景象，"生"是好事，但如果人类刻意帮助植物生长呢？

在《孟子》中
有个成语故事，很好地阐释
了这个现象。从前有个人种地，
到了春天，嫩绿的禾苗破土而出，
一片青翠，水灵灵、脆生生的，看着
十分喜人。新生命谁都喜欢，这人便天
天去地里看，可他的性子急，总嫌禾苗长
得慢，"你们就不能快点长？"他皱
着眉说。

忽然，他想出个
"好"主意！

"快长！快
长！"他一

面说,一边唰唰地左一下、右一下拽着禾苗往上长。

这么忙活了一天,他累得腰酸背疼,心里却很得意,晚上回到家,立刻和家人说了这事。家人一听,全都大吃一惊,连忙跑去地里看。天啊,不出所料,所有禾苗都死了。

你一定猜到了,这个成语叫"揠(yà)苗助长",讽刺那些急于求成、无视自然规律的人。天地之间,虽然万物生长是最强大的力量,可是,我们一定要顺应自然,遵循规律,才能让生命更好地成长,揠苗助长只会适得其反。

小草欣欣向荣,万物生生不息,"中""草"和"生"都是相似的、向上的形状。所有植物都是这样的吗?我们再看一个形状向下的字。

| 甲骨文 | 金文 | 战国文字 | 《说文》小篆 | 隶书 | 楷书 |

这是"竹"字。到了隶书和楷书中,已经非常好认,但当你知道前几个字也是竹,再细细看时,一定会惊叹古人造字的细致。

和小草不同,竹叶确实片片都下垂,古人造字的时候，对大自然好好观察了一番，心思非常缜密。

中国文化里，梅兰竹菊是花中四君子，松竹梅是岁寒三友。看得出来，竹子一向被中国古人喜爱，还有很多文人喜欢画竹子。苏东坡写过"胸有成竹"的故事，就是写他朋友文与可画竹子非常娴熟，仿佛胸中已经有了竹子一样。清朝的大画家郑板桥，一生几乎只画竹、兰、石，如果你看过郑板桥先生的画，就可以看到，他画的竹子栩栩如生，几乎每一片叶子都是叶尖朝下的。

历史上的郑板桥以画竹子出名，他做清官更有名。他在做县官时，为了老百姓的利益不惜得罪上级，赢得了许多人的尊敬。他还写过一首诗：

竹石

咬定青山不放松，

立根原在破岩中。

千磨万击还坚劲，

任尔东西南北风。

这首诗读起来就很有力量，说的是什么呢？是什么植物在坚硬的岩石里牢牢扎根，在风吹雨打中茁壮成长？对了，正是让郑板桥情有独钟的竹子。竹子根深，在任何环境中都能往下扎根。在郑板桥和许多中国文人心中，在逆境中强劲生长，在狂风暴雨中依然挺立的竹子，表现出一种不惧艰难困苦的精神。

竹子，也由此成为中国文人精神世界的重要依托。

在美丽的大自然中，有丰富多彩的植物，一花、一树、一草、一木，都以各自的形态，体现在汉字的世界中。

来看看这个字：

| 甲骨文 | 金文 | 战国文字 | 《说文》小篆 | 隶书 | 楷书 |

古文字的"木"，一看就是象形字，下面是树根，上面是枝叶，画得清清楚楚。

那两个木呢？

| 甲骨文 | 金文 | 《说文》小篆 | 楷书 |

双木为林，两个木凑一起，就是树林的林。现在再来一个木——

　　𣛧　　　　𣡕　　　　森
　甲骨文　　《说文》小篆　　楷书

就成了我们熟悉的"森"。古人通常用三表示多，森，就是好多好多棵树。"森"比"林"多一个"木"，也说明森林比树林更丰富、更广阔。

汉字世界中的植物大多十分形象，由植物衍生的新字，也带着蓬勃不息的生命力量。这种力量不只体现在草木上，也体现在我们每个人身上。

就拿"生"来说，如果给"生"添个"女"字旁，会变成什么字？

　　𤯓　　　　姓　　　　姓
　甲骨文　　《说文》小篆　　楷书

是姓名的"姓"，我们的姓氏与生俱来，注定了"姓"和"生"密不可分。

那换成竖心旁呢？

性　　性　　性

《说文》小篆　　隶书　　楷书

　　竖心旁在古文字中就是"心","生"加"心",就是性。我们学过的《三字经》里说,"人之初,性本善"。人性最初的萌芽是善良的,从这样的本性出发,能够自然而然地生发出美好品德。就像阳光普照之下,万物生长,草木破土而出,一切欣欣向荣,又自然又美好。

　　"生"生不息的美好世界,家族传承的"姓"氏,还有我们的人心人"性",如果不知汉字的历史,谁能想到,这一切都与一棵小草的生命力密不可分呢？汉字的演变有千百种可能,但大都有迹可循,我们一路探寻下去,总有意外收获。

知识拓展

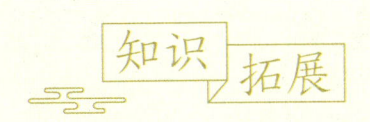

如果把"木"稍做变化，把最上面平直的一笔垂下来，就像人耷（dā）拉着脑袋一样，这会是什么字呢？

这是"禾"字。

| 甲骨文 | 金文 | 战国文字 |

| 《说文》小篆 | 隶书 | 楷书 |

沉甸甸的谷穗压弯了腰，这就是"禾"字。看到

这个字，我们能猜到，古人一定在禾苗成熟中，感到收获的幸福。

古代是农耕社会，和"禾"有关的字有很多。

稻子开花结穗，果实累累的样子，简直太漂亮了，这便是"秀"字，引申出"茂盛""俊美""优秀"等含义。

稻谷成熟了，需要收割，刀割禾割得快，说明刀很锋利。于是，"禾"加上"刀"，便指锋"利"。刀够锋利，收粮食就快，所以"利"又有"便利""顺利"的含义。收粮食快，对一个家庭来说就是有利的，所以"利"又引申出"利益""利润"等含义。

第九章 关于动物的汉字秘密

汉字的世界时而广阔无垠，时而曲径通幽，太阳永恒照耀，在广袤的大地上，千万种植物生机勃勃，而比植物世界更强劲、更有活力的，是丰富多彩的动物世界。

在这一章中，我们就来看看汉字中大大小小的动物们。

先看看这个字：

| 甲骨文 | 金文 | 《说文》小篆 | 楷书 |

嘿，即使是甲骨文，还是一看就知道，这一对向上的大牛角，一双可爱的斜耳朵，这就是个活灵活现的牛头啊。古人在造字的时候，准确把握了牛角的特征，"牛"字非常好认。后来的汉字演化中，"牛"慢慢抽

象化，牛耳被拉平，成为一条横线，就成了今天"牛"的写法。

如果说牛角是"牛"的重要标志，那再来认认这个字：

| 甲骨文 | 金文 | 《说文》小篆 | 楷书 |

这个字刚好和"牛"相反，也有一对角，只是角是向下的。想想看，什么动物有这样的角呢？是不是有一只大绵羊，瞬间跳进了你的脑海？是的，这就是古文字的"羊"。

"牛"和"羊"，都是典型的象形字。古人造字时，非常准确地把握了动物的特点，牛角向上，羊角向下。不费吹灰之力，两个动物就区别开啦。

这是长角的动物，那没长角的动物怎么办呢？比如这个：

这个……看起来不好猜，把脑袋旋转九十度，歪

过来看看，这个小动物瘦瘦长长的，它的脑袋、肚子、脚都不算有特点，可是它的尾巴，卷卷的，好像还在摇呢。

是小狗！你是不是要这么说？没错，这个动物是狗。不过这个字不是"狗"，在古代，人们把狗叫作"犬"。今天还有"猎犬""家犬""牧羊犬"这样的词。

甲骨文	战国文字	《说文》小篆	楷书

这就是我们认识的"犬"字，学了甲骨文，你就知道，"犬"的那一点可不是狗眼睛，而是由狗的小耳朵演化来的。"犬"很常见，我们今天用的"反犬旁"，就是"犬"字演变而来的。

众所周知，狗是人类的好朋友。你也许听说过，有个成语叫"犬马之劳"，这里面提到了犬和马——犬忠心耿耿，为人看家护院；马不辞劳苦，载着人奔跑。它们全心全意为人类效力，因此古代臣子表达忠心时，常常对君主说："臣愿效犬马之劳！"

说到犬马之劳，我们再来看看古人如何造"马"。

甲骨文　　金文　　战国文字　《说文》小篆

馬　　馬　　马
隶书　　楷书（繁体）　楷书

仔细看，从甲骨文到金文，马的特征都非常明显。在长长的马脸上，有大眼睛；马腿又细又长，一看就善于奔跑；马还有一条漂亮的大尾巴，扫来扫去，驱赶蚊虫；连马背上飘逸潇洒的鬃（zōng）毛，古人都细致地还原了。

古文字的"马"活灵活现，后面逐渐简化，去掉了形象特征。在隶书和楷书中，还保留了马的四条腿。到了简体字，只能依稀看出马的轮廓。

在古代，与"马"有关的词有很多。形容单匹马的有骏马、千里马；形容许多马匹的大场面，有万马奔腾、千军万马；与人有关的还有鲜衣怒马、横戈跃马等词语。在古人心中，马是一种特别英武的动物。《说文解字》中说："马，怒也，武也。"我们都知道马高大、帅气，可古人为什么用"怒"和"武"来解释马呢？

让我们回到遥远的古代，古人看到的"马"，都是被驯服不久的野马。野马精悍俊逸，飞奔时高昂着头，瞪着大眼睛，蹄下一道轻尘，长鬃毛在风中肆意飞扬。想象一下那个画面，用"昂首怒目"来形容是不是非常恰当？马浑身充满力量感，用"武"来形容，再恰当不过。

不过真正"怒"和"武"的动物，肯定不是被人类驯服的马。在大自然中，最凶猛、最善于发怒的，可是百兽之王——虎。

| 甲骨文 | 金文 | 战国文字 | 《说文》小篆 | 隶书 | 楷书 |

看到甲骨文和金文中的"虎"，你是不是情不自禁地把脑袋歪过来了？

这个字可真形象，清清楚楚地展现出老虎的三个特点。看啊，它的血盆大口，露着闪闪发亮的锋利牙齿，可怕极了！"虎口拔牙"，还有"虎口脱险"，都是形容虎口极度危险的词语。再看，它尖锐的爪子用力张开，一副马上要扑过来抓人的样子。它那一身斑纹虎皮，好像闪闪亮亮，正在抖动！这个"虎"字，真是将老虎刻画得活灵活现，惟妙惟肖。

估计是古人对老虎的记忆太深刻了。实话说，面对这样的猛兽，谁敢记得不深刻啊？

有一首童谣，你一定听过：

一二三四五，上山打老虎。老虎没打着，打到小松鼠。松鼠有几只，一二三四五。

从凶猛的大老虎说到可爱的小松鼠，真是放松多了，愉快多了。

我们来看看古文字的"鼠"：

| 甲骨文 | 战国文字 | 《说文》小篆 | 隶书 | 楷书 |

这可真是只"小"老鼠啊，就算与我们刚见过的瘦"犬"对比，它也是一只小小的动物。不过你仔细看，尽管它瘦小可怜，嘴巴却张得极大，大门牙边还有咬下来的碎屑。那条又细又长的尾巴，更是它的标志。

随着汉字的发展，从甲骨文到小篆，再到今天的简体"鼠"字，我们似乎看不出鼠的样子了，可如果你了解古文字，仔细对照，就能发现，小老鼠的牙齿和尾巴都留着呢。你看，"鼠"字上面的"臼"，就是老鼠的大门牙，"鼠"字最后一笔的斜钩，正是老鼠的长尾巴。

再看这个字,是不是有趣多了?

看过了瘦瘦小小的老鼠,我们再来看看陆地上现存最大的哺乳动物!

一看就知道是大象!这个金文,是不是和我们常见的古文字有些不同?弯鼻子、大耳朵、胖肚子、几乎是照着大象画下来的。原来它是金文中的族徽文字,所谓族徽,就是一个氏族的标志。古代氏族、部落会选择一种动物作为象征。

再看甲骨文、小篆的象,虽然没有族徽文字那么"形象",但仍然是典型的象形文字。

| 甲骨文 | 金文 | 《说文》小篆 | 楷书 |

大象很大,并不常见,对古人来说是很难了解的一种动物。它大到什么程度呢?你有没有听过盲人摸象的故事?

话说有群盲人听说来了只大象,他们看不见大象的样子,就说去摸摸它,好了解它。大象可真大啊,有人摸到大象的鼻子,连忙叫:"我知道了,大象长得像根长长的管子。"

"不对不对,大象像一把大扇子。"有人摸着大象的耳朵说。

"你们都错了,大象明明是根大柱子。"抱着象腿的人说。

"那这把刷子不是大象又是谁?"有人握着大象的尾巴迷惑不已地说。

大象太大,根本没人能摸到完整的象。"盲人摸象"看似是个简单成语,其实它有着更为丰富的内涵,它告诉我们"象"很难把握,这个"象"除了大象,还指现象。

现象,就是事物在发展、变化中所表现的外部的形态和联系。大象是陆地上现存最大的哺乳动物,也就象征着万千世界中的丰富现象,还记得吗?

祖先造字用的第一个方法是象形,就是用汉字来描摹世

间万象。世间万象，林林总总，我们千万不能因为自己取得了有限的认识，就骄傲自满起来，认为自己把握了世界上全部的道理，其实你只是摸到了"象"的一部分。

通过汉字，我们看出古人对动物的观察细致入微。借着汉字，我们好好看了一回祖先眼中的动物。从大象到现象的隐喻，也让我们领略了古人的智慧和格局。璀璨的人类文化，正是在这样不断认识自己，认识世界和他人，认识自然和动物的过程中，一步步建立起来的。

知识拓展

这一章里，我们见到了丰富多彩的动物世界。回顾一下，这些和动物有关的字大多是象形字。古人观察动物形象，把握动物特征，用象形的方法造出这些惟妙惟肖、生动有趣的汉字。那我们来猜猜，下面这个可爱的字是什么呢？它会是一只小动物吗？

甲骨文　　　金文　　　战国文字

不是的。这个看起来像小动物的字，实际上跟动物一点关系也没有。

答案是——鼎。鼎是古代一种常见的容器，也经常被用作礼器，用于祭祀。它通常有三足两耳，足用来放稳，耳可以插上杠子，便于抬到不同的地方。甲骨文、金文中的"鼎"，也是一个惟妙惟肖的象形字。

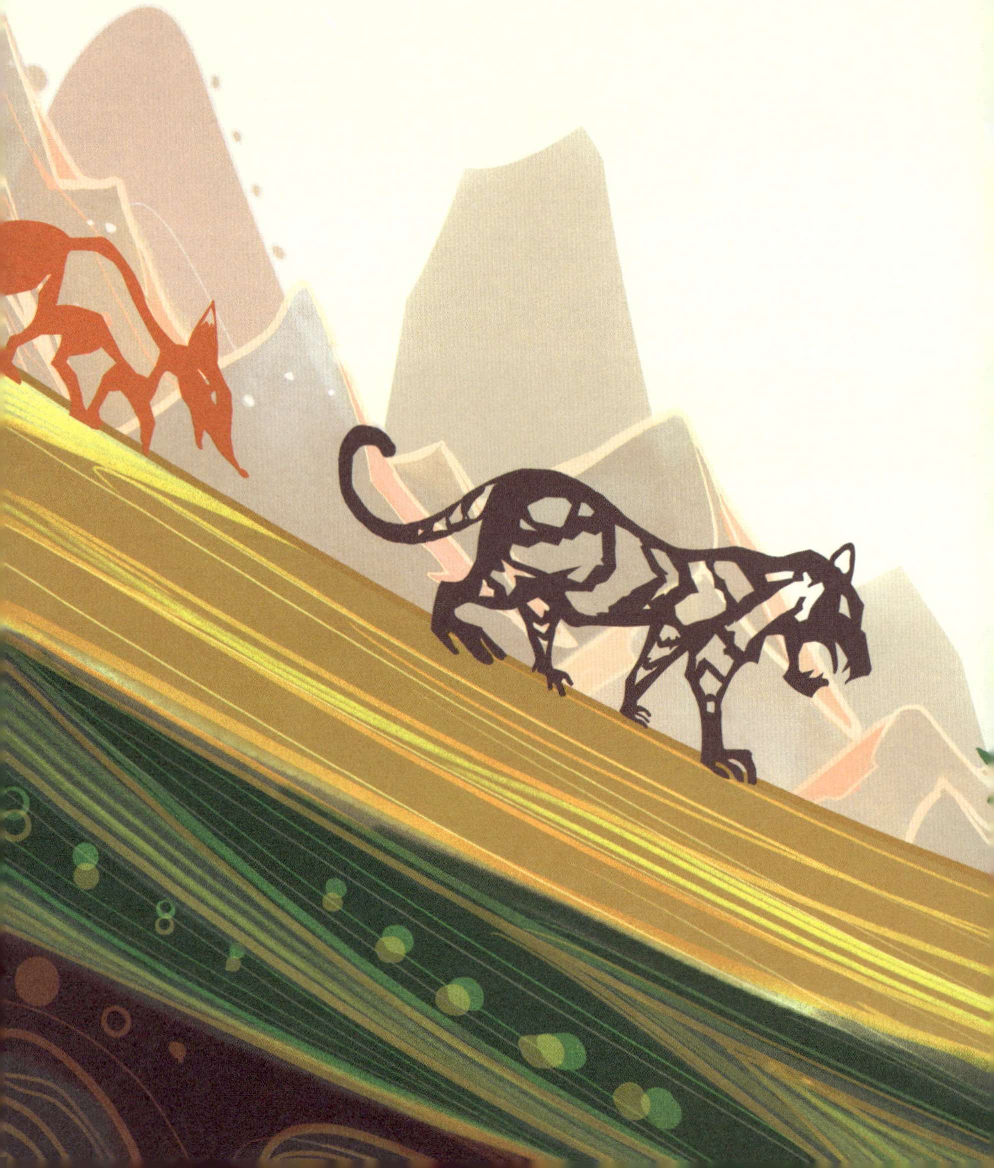

第十章 关于家庭的汉字秘密

在汉字之旅中,我们领略过广阔的天地、大自然的植物动物,在人类的世界里认识了自我和他人。"人"看起来顶天立地,但不是独行天地间。人要生活在群体中,最基本的群体,就是我们的家庭。

今天,我们就来看看藏在"家庭"里的汉字秘密。这个字你可认识?

甲骨文　　　　金文

单看甲骨文不好认吧?不过左边这个,是不是似曾相识?这是古文字的"又",在这儿是"手"的意思。再看,原来是手里拿了根小棍子,等它演化到金文,小棍子变成了大棍子!这到底是什么?是哪个家庭成员呢?

来看看隶书、楷书,保证让你恍然大悟。

父　　　　父
隶书　　　楷书

对,就是父亲的"父"。

"父"就是爸爸。我们的爸爸有很多形象,高大的,伟岸的,严厉的,温和的,而古人造"父"字,截取了爸爸手中拿棍子的形象,这场景真让人心头一颤。看来古今一样,家庭中多是严父慈母,《三字经》说"子不教,父之过",一个大家庭里,父亲往往是家庭规则的制定者,对孩子管教有多严,这根棍子全说明了。

不过在古代,"父"不仅指爸爸,还指部落中的酋长。酋长是部落中地位最高的人,我们在很多古代画卷中都能看到,酋长手中有一根棍子。这棍子可不只用来管教孩子,还是他们发号施令、指挥战争的权杖。

权杖,就是地位和能力的象征。你有没有听过夸父逐日的故事?

夸父是谁?为何叫"夸父"?我们先用"夸"来组词看看。嘿,你是不是马上想到了"夸夸其谈""夸大其词"？其实"夸"本身就有"大"的含义，所以"夸父"就是大父亲，在遥远的上古时期，夸父是部落里的大酋长。

夸父是中国古代神话里的大英雄。传说那时天气炎热，火红的太阳炙烤着大地，庄稼旱死，民不聊生。夸父为拯救他的部落，发誓要捉住太阳，让它听从人类的指挥。

早晨，太阳从海上升起，在空中飞快移动，夸父也如疾风般奔跑。他汗如雨下，越跑越累，越跑越渴，便去黄河边咕咚咕咚把河水喝了个光。他再抬头看去，太阳又遥不可及，就继续奔跑追赶，不一会儿，夸父又渴得要命，他听说遥远的北方有一面大湖，就一路向北，想去喝光湖水。可没等找到大湖，他就渴死在半路上。

人怎么可能追上太阳呢？夸父是个悲剧英雄。可在将要渴死的那一刻，他将手中的权杖一扔，权杖变成了一片郁郁葱葱的果林，继续造福人类。

夸父扔了权杖，是心系族人的表现。权杖变成了树林，也说明它拥有神奇的力量，是权力的象征。

夸父是神话人物，我们回到现实，看看另一个与"父"相关的字：

甲骨文　　金文　　《说文》小篆　　楷书

父亲是男性，"男"字上面是"田"，下面是"力"。看字形演变，上面的"田"从古到今都没变化，"力"就有点不一样了。

你知道吗？"力"字是古人用象形法造的。仔细看，小篆里最为明显，上面是把手，下面是耙（pá），原来这是种叫"耒（lěi）"的农具，专门用来松土。种地是古代男人的重要职责，古人就用"田"和"力"，造出了这个"男"字。

父、男，都与爸爸有关。现在，我们来看亲爱的妈妈有什么藏在汉字历史里的故事。

关于"妈"，还是先从"女"字说起。

| 甲骨文 | 金文 | 战国文字 | 《说文》小篆 | 隶书 | 楷书 |

古文字的"女"，从甲骨文、金文到小篆，都是一个跪坐的人形。你看，她的两只手还乖乖地、恭恭敬敬地放在前面，很传神地表现了一个端庄规矩的女性形象。

有了这个"女"做基础，该怎么给我们的妈妈造字呢？智慧的祖先，直接选取了母亲最根本的特点。

甲骨文　金文　战国文字　《说文》小篆　隶书　楷书

你看，"母"比"女"多了两个小点，能猜到这两个小点是什么吗？

如果说，古代男人最重要的职责是种地，母亲最重要的职责就是养育孩子。初生的小婴儿需要妈妈的乳汁，给孩子哺乳，成了母亲最根本的特征。古人给"女"字加了两点，象征着妈妈哺育婴儿的乳房，造出了这个"母"字。

有了男人，有了女人，他们就可以结婚啦。如果你参加过婚礼，会觉得结婚是一件美好而幸福的事。不过在遥远的古代，结婚可没这么开心，因为那时候的婚姻，还在实行野蛮的抢亲制。

抢亲，就是把其他部落的姑娘抢过来当老婆，这种野蛮的制度，清清楚楚地体现在汉字之中。

甲骨文　金文　战国文字　《说文》小篆　隶书　楷书

这是妻子的"妻"。仔细看，左边是个站立的女性，两手放得规规矩矩，长发飘飘，应该非常漂亮。咦？等等，右边怎么出现了一只手？这手正要抓她的头发！

原来，这就是抢亲在汉字中的表现。如果你被人抓过头发，就会知道，这根本没办法挣脱！这种野蛮的抢亲，简直就是"待你长发及腰，容我一把薅走"。太残忍了。

可能古人也觉得太残忍了，于是"妻"从金文发展到小篆时，头发往上调，女字往下调，手不再抓头发了。可是，小篆里的"妻"，更像一只手去抓这女孩的脖子，那简直像抓走一只小鸡一样，和抓头发的残忍程度不相上下。

真没想到，"妻"在汉字中是这么可怜的形象。

那时候，女孩被抢回去，只能听天由命，在新部落里乖乖地和男人结婚生孩子。

来看看汉字中的"子"：

甲骨文　金文　战国文字　《说文》小篆　隶书　楷书

从甲骨文、小篆发展到今天的简体字,"子"的字形一脉相承,是个脑袋大大、身体小小、四肢短短的小人儿。所以,"子"在古代特指婴儿,是刚出生的小宝宝,后来才引申出"孩子""儿子"等含义。

有了子,子还会有子,所谓子子孙孙,无穷匮也。儿子的儿子,就叫孙子。

今天简体字的"孙",左边是"子",右边是"小",比儿子还小的就是孙子,很好理解。不过如果你见过繁体字的"孫",会看到左边是"子",右边是"系",这个"系",还原成古文字更有画面感:

| 甲骨文 | 金文 | 战国文字 | 《说文》小篆 |

| 隶书 | 楷书(繁体) | 楷书 |

看到了吗?"系"原来是个小线团。

丝线缠缠绕绕,无穷无尽,给人一种延续感。古人用"系"造"孙",正是希望从儿子到孙子,从孙子到重孙,从重孙到玄孙,家族血脉一直传啊传,一代代地传下去。

丝线绵延不绝，寄托着祖先希望家族血脉传承不已的愿望。这种血脉传承，是中国古人心中人类力量的重要来源。

还记得愚公移山的故事吗？

传说愚公家门口有两座大山，一座太行山，一座王屋山。两座山牢牢堵在愚公门前，他出门很不方便。

愚公看着大山，突然冒出个惊人的念头："我要把它们挖走！"

他天天挖，月月挖，挖下来的土，源源不断地运到渤海。有个叫智叟的聪明老头看不下去，跑来嘲笑愚公：

"嘿，你可真傻，就你这老弱残躯，怎么能挖动两座大山呢？我告诉你，你连山上的草木都铲不动！"

"我傻？你才傻呢！"愚公很不高兴，"你这思想太顽固！就算我死了，还有我儿子继续挖，儿子生孙子，孙子生儿子，儿子有儿子，儿子有孙子。我的家族代代传承，子子孙孙无穷无尽，可这山不会再高了。总有一天，我们能把这两座山挖走！"

愚公真是太勇猛，太执着了！这番话让智叟哑口无言，默默离开。他执着的力量竟感动了天地，上天派出两个大力神，直接把这两座山搬走。愚公门前的道路从此畅通无阻。

愚公移山的故事，几乎家喻户晓。为什么渺小的人类能够搬走大山？因为这是代代相传的使命与理想。在我们中国人眼中，家族延续是力量的源泉，我们每一个人都是弱小的、有限的，但是一个家族绵延不绝地传承，就会有一种极其强大的力量。中国人一向注重家风，注重家族凝聚，和这种文化传统密不可分。个体的力量是有限的，但在一个大家族里，每个人努力发光发热，就有更强大的、远超过我们想象的力量，可以建设美好的生活。

知识拓展

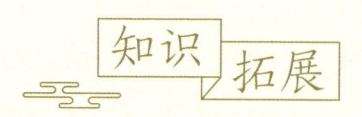

我们今天叫的爸爸妈妈,古代人称作"父""母"。想想看,"爸""妈"两个字是用哪种造字法造出来的呢?

"爸""妈"都是形声字,"爸"是上形下声,形旁"父",声旁"巴";"妈"是左形右声,形旁"女",声旁"马"。

无论是爸爸还是妈妈,都是我们的亲人。"亲"字又是怎么造出来的呢?

"亲"的繁体字是"親",左边的"亲"是声旁,右边的"見"(见)是形旁,亲人就是你最想见到的人。

第十一章 关于家园的汉字秘密

在汉字的大千世界里，日月星辰永远璀璨，植物动物生机勃勃，在这片乐土上，还有我们最亲爱的家人，我们生活在一起，努力建设自己的幸福家园。

那么"家"需要些什么？古人在造字时又是如何考虑的呢？

这一章，我们就看一看汉字中关于"家"的秘密。

| 甲骨文 | 金文 | 战国文字 | 《说文》小篆 | 隶书 | 楷书 |

你有没有仔细看过"家"字？

"家"，上面一个宝盖，在古文字里，宝盖就是房屋的象征。宝盖下面这个字你可能不认识，不过试着歪过你的小脑袋，再看看它像什么？

好像是个圆滚滚、胖乎乎的小动物？对了，这个字是"豕",读 shǐ,在古代就是猪的意思。

宝盖底下一头猪?古人为什么要用这个形象造"家"呢?可真是耐人寻味。

关于这个问题,在汉字研究中,一直有不同的说法。有人说,养了猪,说明我家里有钱了,猪是家庭财富的象征;也有人说,最开始家是指小猪的家,也就是猪圈。这可不太对吧,家怎么能是猪圈呢?还有一种说法,认为这人家里很乱,好像住了一头猪……

这些说法,有的有道理,有的没道理,到底该如何理解呢?

家和猪的关系,还是让我们从甲骨文说起。

你还记不记得,在早期的汉字中,同一个字有很多写法,称为异体字。我们能看到的"家",至少有两种写法。

第一种写法 是运用最广泛的,上面一个"宀",下面一个"豕",也就是房子里住着一头小胖猪。

第二种写法 的宝盖底下好像不是小猪了?它瘦瘦的,仔细看这个字,哎呀,原来是只小狗!

这么说,古人造"家"字的时候,家里要么住着猪,要么住着狗。家,可不是猪窝专属了,但造字时选取猪啊，狗啊，又是为什么呢？

在很久很久以前，古人以游猎为生，为了追逐猎物，获取食物，哪里猎物多就去哪里，家跟着搬来搬去，很不安定。后来经过漫长岁月，人类逐渐学会了驯服动物，扑棱棱飞的野鸡被驯服成家鸡，凶猛的野猪被驯服成家猪。逐渐地，野狗懂得了看家护院，野马、野牛、野羊，都变成听话的家畜。

这就是所谓的六畜，牛耕田，马负重，羊祭祀，鸡司晨报晓，犬守夜防患，猪走上餐桌。六畜各有所长，在古代农业社会里，为祖先的生活提供了基本保障。

有了六畜，古人终于能结束漫长的游猎生活，找个合宜的地方，修好房子，安安稳稳地住下来。所以，在一间固定的房子里，饲养着家畜，就代表古人从此定土而居，这也是"家"最初的含义。

再回看"家"里面那头小猪，它可代表着人类文明史上重要的里程碑呢。

就这样，人类有了安稳的家，下一步就是好好建设家园了。

无论是今天还是原始社会，房子都是一件大事。古人找房子、盖房子可不容易了，他们有几种办法，第一种叫作穴居。

顾名思义,"穴"是洞穴,穴居就是在一座山的侧面挖出窑洞,或是在地上挖一个深坑,然后在坑上搭个顶棚。

穴居生活,可想而知,地面潮湿阴冷,也防不了野兽毒虫。遇到下雨,雨水咕咚咕咚灌进来,不论古人在吃饭还是睡觉,可全都毁了。穴居太难受了,那能怎么样呢?

别忘了,人类是从小猴子变来的,穴居不舒服,我们可以重新爬回树上,搭个房子。这叫巢居,是人类和动物学习的一种居住方式,看起来能防一些野兽,不过巢居的房子一旦搭得不牢靠,风吹雨淋,人很容易掉下去摔死。

穴居和巢居,都不是理想的住所。随着人类社会的发展,古人开始建造一种两层的木质小楼,下面那层养猪,同时防潮,上面那层干燥舒适,正好住人。

今天如果我们去旅游,到一些少数民族地区,还能看到这样的小楼。这种小楼比以前的穴居、巢居都要高出很多,所以古人画出它的形状,来表达抽象的"高"。

这就是古文字中的"高":

甲骨文　金文　金文　战国文字　战国文字　《说文》小篆

啊，这看起来就是好房子！谁住进去，肯定都要说一声：高！实在是高！因此，它既表示高大，同时也有"好"的含义。住在这样的房子里，自然会觉得安心舒适吧。

再看下一个和房子有关的字：

甲骨文　金文　战国文字　《说文》小篆　隶书　楷书

不论是古文字还是简体字，"安"变化不大，上面的"宀"表示房屋，下面一个"女"字。从字形看，就是房屋里有一个女性。

这就很好理解了，房屋里有个女性，意味着婚姻和家庭。在中国古人看来，一旦组成了家庭，有了固定的家庭成员、生活伴侣，人心中自然是安定舒畅的。

那如何保证家庭成员的安全呢？首先就是要防盗。这时候，"门"就起了关键作用。

来看看古文字的门：

門　　門　　門　　門
甲骨文　　金文　　战国文字　《说文》小篆

門　　門　　门
隶书　　楷书（繁体）　楷书

很明显，"门"由两扇组成，一拉就开，一推就合，那如果单看一扇门是什么呢？

户　　户　　户
甲骨文　《说文》小篆　楷书

原来是"户"，"户"本义指单扇的门。后来也引申为家庭单位，门户常常并列使用，像"门当户对""关门闭户"都是从门户引出的。

门解决了防盗问题，在安宁的家中，就该好好置办家具啦。

古代的家具是不断发展的。一开始古人生活简单，就在地上铺两层席子，席地或坐或卧。汉字中有一个"因"字，写作囚，就是人躺在席子上的样子。席子用来依靠，"因"最初表示依靠的意思，慢慢引申出

"因为""因此"的内涵。不过地面又凉又硬，坐久了膝盖不舒服，睡久了身体也吃不消。

得发明些家具才好吧？慢慢地，古人发明了床，甲骨文中写作 ⿴，侧过头看，就是一个床铺的象形。随着人类文明进步，他们又发明了桌子。

不过有意思的是，桌子为什么叫桌子呢？

原来，"桌"源于"卓"，"卓"本身有高的、超出一般水平的含义。古人发明了桌子，桌子就成了家里最高的家具。所以，"桌之为言卓也"。

有了桌子，最好再配几把椅子，"椅"又源于什么呢？

对的，"椅"源于倚靠的"倚"。可不是吗？椅子最大的特点，就是人能够靠在上面，安心地、稳稳地坐着。所以，"椅之为言倚也"。

就这样，在汉字中，一个幸福家庭的生活画卷徐徐展开，我们的祖先把野生动物驯化为家禽家畜，摆脱游猎生活，从此安土而居。继而盖房子，娶伴侣，生儿育女，再把门户院落布置好，完善各种家具。这个叫"家"的居所，温馨安逸，完整地呈现在我们面前。

安安宴宴

不知不觉中，这趟探索汉字的旅程，已经走到最后一段。你有没有发现？探索汉字也是探索我们人生和世界的过程。古人造字的时候，提取出人们对世界的共同理解，用最精准的特征造出一个个汉字。汉字也就涵盖了人类对自身，对世界，对整个大自然的认识。

在这趟旅程中，我们从自身出发，看到我们身体的形状，眼眉耳鼻口，更展现出我们丰富多彩的内心世界。我们向上仰望日月星辰，向下观察大地；植物生生不息，动物活泼自在。人类在这片乐土上安居乐业，创造美好的家园和文明的世界。

短短十一章，汉字带领我们拥抱自然，理解自我，建设文明，这是一趟追求幸福生活的文化之旅。愿这样的文化之旅，伴随你日后长久的人生。愿你从小小的汉字中窥见大大的智慧，在每一个意趣盎然的时刻，都有远古的中国人与你同心同感。

知识拓展

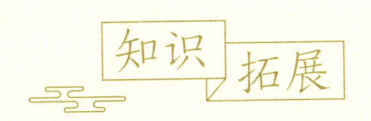

"实"字和房子有什么关系呢?房子和头又有什么关系呢?

"实"的繁体字是"實"。在一些金文中,"宀"(房子)下面是"田"和"贝"(繁体字是貝),后来田和贝字形演化为"贯"。

在上古时代,贝壳曾被当作货币使用,所以"贝"代表有钱,"货""财"等和钱有关的字都是贝字旁。"實",房子里有田有钱,这个字最初用来指富裕实在,有个词叫"家境殷实"。至于"实",是"實"简化后的结果,这个字最初和"头"并没有关系。

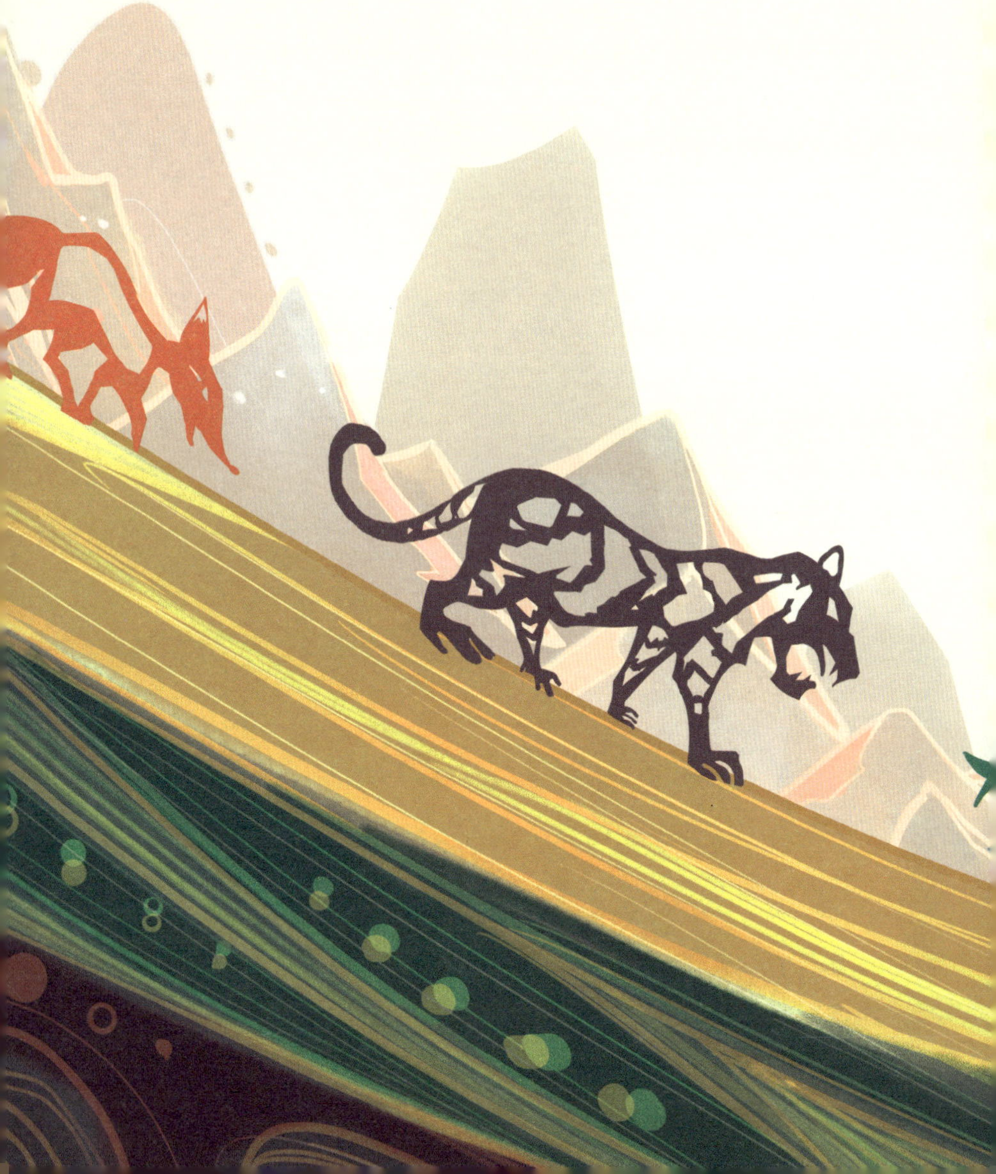

附录

那些和王懿荣一样厉害的人

甲骨文是王懿荣发现的,那他是最早开始展开研究的吗?

不是的。

他还没来得及对这种文字展开深入研究,就遭遇了八国联军攻占北京的国难。古代大臣最重视气节,他悲愤之下,投井殉国。虽有遗憾,却让人十分敬佩。

那最早对甲骨文展开研究的人又是谁呢?

第一个研究者是刘鹗(è),我们以前知道他,是因为他是个了不起的文学家,创作了《老残游记》。现在,我们将知道他的一个新身份——他和王懿荣一样,都是金石学家。

什么是金石学家呢?就是研究古代青铜器、碑石等文物的人。他们知识渊博,精通文字学、历史、书法、文学等多方面的知识。

说起来，我们熟知的大词人李清照和她的丈夫赵明诚，也都是金石学家。

王懿荣殉国之后，他的家人为了还债，把他收藏的大部分甲骨转让给了他的好友刘鹗。刘鹗又各处收集，共收藏六千多片甲骨。他从中精选一千零五十八片，石印出版了中国第一部著录甲骨文的著作《铁云藏龟》。他经过研究，识别出来的字有四十多个，根据现在的研究去验证，其中识别正确的有三十多个字。

你可能想问，为什么这本书叫《铁云藏龟》这个名字呢？因为刘鹗字铁云。这本书的重要意义，在于让甲骨文从私家收藏变成了可供学者研究的公开资料，大家通过这本书，都可以研究甲骨文。因此，这本书也被称为研究甲骨文的"开路先锋"。

在刘鹗之后，研究甲骨文的大学者还有罗振玉（号雪堂）、董作宾（字彦堂），还有我们比较熟悉的王国维（号观堂）和郭沫若（字鼎堂）。在他们四人的字号里，都有一个"堂"字，所以他们被并称为"甲骨四堂"。

虽然经过了"甲骨四堂"等大学者的研究和后继很多很多学者的努力工作，但甲骨文的秘密还没有被完全揭开，好多甲骨文还没有解读出来。今天国家提供奖励，只要你认出一个之前没人认出的甲骨文，就能得到十万块钱的奖金，听上去太诱人了。如果你有兴趣，也可以去学习关于甲骨文的更多知识。

图片提供:
视觉中国(P27, P29, P34)